주식투자
무작정
하지 마라

주식투자
무작정
하지 마라

초판 1쇄   2016년 04월 25일

지은이   신인식
발행인   김재홍
디자인   박상아, 이슬기
교정·교열   김현경
마케팅   이연실

발행처   도서출판 지식공감
등록번호   제396-2012-000018호
주소   경기도 고양시 일산동구 견달산로225번길 112
전화   02-3141-2700
팩스   02-322-3089
홈페이지   www.bookdaum.com

가격   13,000원
ISBN   979-11-5622-163-0 03320

CIP제어번호   CIP2016009689
이 도서의 국립중앙도서관 출판도서목록(CIP)은 서지정보유통지원시스템 홈페이지
(http://seoji.nl.go.kr)와 국가자료공동목록시스템(http://www.nl.go.kr/kolisnet)에서
이용하실 수 있습니다.

주식투자

무작정
하지 마라

신인식 지음

지식공감

목차
CONTENTS

서문

FOREWORD

'주식투자에 왕도는 없다'는 말이 있다. 그만큼 주식투자에서 수익을 내기 어렵다는 이야기다. 하지만 어려운 여건 속에서도 꾸준히 수익을 창출하는 투자자가 있다.

일반투자자들이 전문투자자의 말만 믿고 따라 하다 실패하는 사례가 많다. 그래서 『주식투자 무작정 하지 마라』를 통하여 투자자를 위한 나의 넓고 얕은 지식을 독자와 공감하고자 네 번째 책을 출간한다. 겁 없는 객기로 시작한 저서가 한 권씩 늘어가고 있다. 기존의 저서들을 뒤적거릴 때면 한없이 부족하고 미흡한 마음이 앞선다.

증권사 지점에서 개인 고객들을 관리하며 직장생활을 시작했다. 출간과 강연 등을 통해 많은 주식투자자들을 만났다. 100%는 아니지만, 누구보다 주식투자자의 마음을 잘 알고 있다고 자신한다. 주식 책을 읽는 독자들의 마음도 크게 다르지 않다고 생각한다. 좀 더 '빨리', '많은' 돈을 '쉽게' 벌 수 있는 비법을 담을 책을 원한다. 그러나 안타깝게도 시중에 출간된 주식 책 중에는 쉽게 많은 돈을 벌게 해주는 책은 없다. 혹여 어떤 저자가 자신의 모든 전략과 필살기를 가감 없이 책에 녹였다 하더라도 말로 설명할 수 없는 미세하고 고차원적인 부분까지는 알려줄 수 없기 때문이다. 그 미세한 차이가 돈을 벌 수 있고 없고의 차이고, 고수와 하수를 나누는 결정적 차이가 된다. 그 차이는 간단하게 한 권의 책을 읽어서 극복될 부분이 아니다.

이 책은 주식투자로 큰돈을 벌 수 있다고 독자들을 유혹하지 않았다.

정확히 이야기하면 주식시장에서 돈을 잃지 않는 원칙과 전략들을 말해주고 있다. 주식시장에서 돈을 잃지 않는 것은 돈을 버는 것보다 중요하다. 주변에 주식으로 돈을 벌었다는 사람들을 보라. 기존 수익을 모두 날리고 몇 종목에 크게 물려 있어 반포기 상태인 경우가 대부분이다. 결국, 주식시장에서 돈을 잃지 않고 살아남아야 대세 상승기를 만날 수 있고 절호의 찬스도 잡을 수 있다.

　이 책의 직접적인 집필 동기는 어느 날 날아온 비보 때문이다. 한 마디로 참담했다. 나와 누구보다 친하게 지낸 가족이 금융 다단계 사기로 인생 자체가 송두리째 바뀌고 말았다. 작정하고 사기를 치려고 들면 누구나 걸려들겠지만 결국 그 비극의 시작은 과욕과 무지 때문이었다.
　월 2% 이상의 수익을 보장해준다는 말에 현혹되었고 매달 들어오는 2% 이상의 수익에 그 확신은 깊어만 갔다. 지금은 저금리가 심화되며 은행 정기예금에 가입해도 연 2% 이자밖에 받을 수 없다. 그런데 월 2%, 년으로 환산하면 연 24%의 수익을 보장해 준다고 유혹했다. 더군다나 리스크도 없이 원금을 보장해 준다니 그것은 과욕으로부터 비롯되었다. 또한, 그 수익은 WTI, 금, 옥수수 등의 해외 선물을 운용해서 그 투자 수익금으로 준다는 것이었다. 국채선물, 원달러 선물 등의 국내 파생상품에 대해서도 전혀 알지 못했다. 당연히 해외 선물에 대한 지식이나 이해가 있을 수 없었다. 그러나 알지 못하기 때문에 오히려 용감하다고 더 적극적으로 신비하기만 한 세계에 빠져들어 갔다.
　욕심 때문에 혹은 무지함 때문에 그런 무모한 투자의 세계에 빠져드는 개인투자자들이 많다. 금융 다단계 사기와 같은 극단적인 경우가 아니더라도 주식시장에서 투자가 아닌 투기로 일관하며 경제적으로 혹은 심리적으로 큰 상처를 입은 주식투자자들이 상당하다.

내가 이 책을 집필하게 된 직접적인 계기는 주식시장에서 그런 욕심과 무지함 때문에 돌이킬 수 없는 손실을 보는 주식투자자가 없었으면 하는 바람에서다.

상당수의 주식투자자는 왜 주식투자를 계속하는지 의문이 들 만큼 주식시장과 전혀 맞지 않는 경우가 많다. 매매 실력도 형편없고 심지어 매매에 대한 기본기조차 갖춰지지 않은 투자자도 있다. 그런데 주식시장에서 돈을 벌 수 있다는 환상과 막연한 기대로 주식시장을 떠나지 못하는 주식투자자들이 많다. 그런 투자자들의 가장 큰 문제는 본인이 주식시장에서 돈을 벌지 못하는 이유를 찾지 못한다는 것이다. 심지어 자신에게 문제가 있다는 사실조차 모른다. 자신이 돈을 벌지 못하는 것을 순전히 내 포지션과 반대로만 움직이는 주식시장 탓으로, 잘못된 정보를 제공한 그 누구의 탓으로, 혹은 운이 없는 탓으로 돌릴 뿐이다. 자신의 문제점을 내부에서 찾지 않고 남 탓을 하며 핑곗거리만 찾고 있을 뿐이다. 단점을 찾아 그 단점을 보완하거나 장점이 있다면 그 장점을 극대화할 수 있는 기회조차 본인에게 주지 못했다.

나는 이 책을 통해서 개인의 주식투자 실력의 현주소를 여과 없이 알려주고 싶었다. '나는 다르다' '나는 특별하다'는 환상을 깨고 싶었다. 즉 주식투자에서 어떤 부분이 부족해서 수익을 내지 못하는지를 구체적으로 알려주고 싶었다. 자신의 기대만큼 벌지 못하는 투자자가 왜 목표수익만큼 벌지 못하는지를 깨우쳐주고 싶었다. 가장 확실하고 쉽게 와 닿는 방법은 주식 실력을 점수로 환산해서 알려주는 방식이다. 누구나 시험 성적에서 40~50점대를 받게 되면 이유 불문하고 자신이 부족하다는 것을 느낀다. 점수의 형식을 빌려 주식투자에서 어떤 부분이 가장 취약하고 왜 부족한지를 스스로 깨닫게 해주고 싶었다.

그래서 매매 진단표 및 주식 진단표라는 방식을 도입하게 되었다. 매매 진단표는 매매원칙 8개 항목, 매매자세 8개 항목, 실전 전략 4개 항목 등 총 20개 항목으로 이루어져 있으며 총점은 100점 만점이다. 다만 각 항목은 중요도에 따라 배점 점수가 다르다. 주식 진단표는 종목 발굴 및 운용 전략 등과 관련된 22개 항목으로 이루어져 있으며 100점 만점이다. 항목마다 가중치가 다르게 구성되어 있다.

다만 매매 진단표 및 주식 진단표의 내용은 투자자라면 이미 알고 있는 부분이라 지루해하거나 무심히 읽고 넘어갈 가능성이 크기 때문에 좀 더 피부에 와 닿고 하나하나의 항목에 대해 깊이 고민해 볼 수 있는 방법을 고민했다. 그 결과 우리 주변에서 쉽게 만날 수 있는 7명의 피상담자와 최고수라는 상담자가 대화를 나누는 형식으로 책을 구성하게 되었다. 주식투자자라면 이 책에 등장하는 피상담자 중 최소 1명 이상과 유사함을 느낄 것이다. 상상 속에서 가공한 인물이 아니라 저자가 알고 지낸 실존 인물들의 실제 주식투자 경험담을 모티브로 했기 때문이다. 따라서 자신의 이야기처럼 공감대를 형성하며 책에 집중할 거라 믿는다.

주식시장에서 꾸준히 수익을 투자자는 100명 중 4~5명이라는 말이 있다. 그 정도로 주식시장에서 수익을 내는 것은 어렵고 힘들다. 그러나 꾸준히 버는 투자자가 있다는 말은 내가 그 투자자가 될 수도 있다는 뜻이기도 하다. 지금까지 만족할만한 수익을 내지 못했다면 분명 어떤 부분에 문제가 있었을 것이다. 이 책을 통해 자신이 어떤 부분에 문제가 있는지를 깊이 성찰하고 명확하게 깨닫는 계기가 되었으면 좋겠다.

아무쪼록 매매의 부족한 점을 보완해서 주식시장에서 성공하는 투자자로 거듭나기를 바란다.

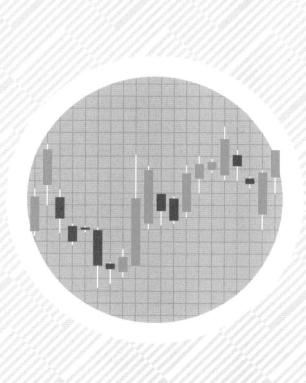

제 **1** 장

첫 만남

여기는 8주 동안 투자 클리닉 모임이 진행될 강의실이다. 모임 시작은 20분여 정도 남았지만 7명의 피상담자는 이미 자기 이름이 적힌 자리에 착석하고 있다.

첫 만남이다. 방 안의 공기는 그들의 표정만큼이나 무겁고 엄숙하다. 꼭 풀어야 할 숙제가 있는 듯 다들 침묵 속에 초조함을 감추지 못한다.

이때 이런 자리가 그리 어색하지 않은 듯 말끔하게 정장을 차려입은 50대 초반의 남자가 무거운 침묵을 깨뜨린다.

"지금은 주식에 투자할 때가 아닌가 봐요. 미국은 금리를 계속 올린다고 하지, 일본은 엔저로 우리의 수출을 위협하지 이제는 중국 경제도 심상치 않아 주식할 맛이 안 나네요."

그 옆에 앉아있던 60대 초반의 점잖은 신사분이 말을 거들고 나선다.

"네, 저도 요즘 영 재미가 없네요. 바이오주가 한창 급등할 때 쫓아가지 못해 애만 태우고 있다고 한 일주일간 조정을 받는 것 같아 들어갔는데 더 빠져 버렸습니다. 괜히 꼭지를 잡은 건 아닌지 걱정되네요."

"저는 2015년 초 한미약품을 샀다가 20% 수익에 만족하고 나왔더니 판 가격보다 5~6배는 더 오른 것 같아요. 속상해 죽겠어요."

중년의 부인도 이야기에 끼어들면서 마치 오래전부터 알고 지낸 사이처럼 주식 이야기로 분위기가 금세 활기차게 변한다.

정해진 시간에 맞춰 50대 중반의 상담자가 문을 열고 들어온다. 이미 눈은 활짝 웃고 있고 만나게 되어 너무나 반갑다는 듯 큰 소리로 인사를 건넨다.

"반갑습니다. 서로들 벌써 친해졌나 보네요."

상담자는 자신의 자리에 앉은 후 주위를 둘러본다. 그리고 예의 자신감 넘치는 눈빛으로 일일이 눈 맞춤을 한다.

"제가 오늘부터 여러분과 일주일에 하루씩 총 8주 동안 주식 클리닉 모임을 진행하게 될 최고수입니다. 이미 알고 오셨겠지만 강의 주제는 매매원칙과 주식 전반에 대한 내용입니다. 먼저 매매원칙과 매매자세 그리고 실전 전략 등에 대해 상세히 얘기한 후 매매 진단표를 작성하며 각자의 매매 상태를 점검하는 시간을 갖도록 하겠습니다. 그 후 본격적으로 주식 원칙과 전략에 대한 내용을 살펴본 후 주식 진단표를 작성하도록 하겠습니다. 수업은 토론식으로 진행됩니다.

여기 모이신 분들은 주식투자에 어려움을 겪고 있거나 최소한 어떤 변화를 원하는 분들이 참여하신 것으로 알고 있습니다. 어떤 부분 때문에 주식투자에 고전했는지 혹은 어떤 부분의 개선을 원하는지 한 분씩 자신의 매매 경험담을 얘기해 보는 시간을 갖도록 하겠습니다. 그 전에 제 얘기를 먼저 해야겠죠.

이름은 최고수, 현재 53살이고 SIS투자자문의 대표로 있습니다.

25~26년 전에 증권사 지점 영업으로 입사해서 7년간 근무한 후 주식 운용부서로 옮겨 10여 년간 근무했습니다. 그 후 파생상품 운용부서로 옮겨서 코스피 선물과 옵션, 채권선물, 원 달러 선물 등을 운용했습니

다. 3년 전 증권사를 은퇴 후 SIS투자자문을 설립해서 주식 운용과 자문 그리고 강연과 집필 활동을 하고 있습니다.

가장 궁금한 부분이 돈을 얼마나 벌었냐죠? 회사의 성과급이 적지 않았고 주식투자로 상당한 수익을 올려서 경제적으로는 자유로운 상태입니다. 제 소개는 이 정도로 마치고 한 분씩 자신의 매매 경험담을 얘기해볼까요?"

투자자	나이	투자 경력	직업	투자성향	특징
최고수	53	25	SIS투자 자문 대표	중장기투자	• 주식크리닉 강사 • 집필 및 강연 • SIS투자자문 대표
기전업	48	18	전업 투자자	주식 중장기매매 파생상품 단기매매	• 주식과 파생상품 운용 • 모임 멤버 중 유일하게 꾸준히 수익 거둠
백치미	55	8	가정주부	백화점식 종목 보유	• 주식투자로 번 돈 주변인 들에 자극받아 주식투자 박스권에서 큰 손실
산전수	63	20	자영업	공격적 투자자	• 손실을 남의 탓으로 돌림
주단타	31	5	취업 준비생	주식 단기매매	• 증권사 취업 준비 및 전 업투자자 준비
자사주	43	5	일반 회사원	자사주를 비롯하 여 잘 아는 주식 만 투자	• 회사 업무로 바빠서 따로 주식 공부할 시간이 없음
강초보	28	0.6	회사원	소극적 투자	• 초보 주식투자
나왕년	53	30	증권사 투자 상담사	감각 위주로 투자	• 한때 큰 수익을 거둠 • 증권사 경력 30년 • 지점장 퇴직 후 투상근무

최고수

주식클리닉 모임의 강사다. 증권사 지점영업으로 주식투자를 처음 시작했다. 지점에서 탁월한 주식발굴능력을 보여주어 주식운용부서로 전격 스카우트되었다. 그 후 10년 이상 매년 100% 이상의 수익을 거둔다. 한 때 코스피 선물옵션 등의 파생상품 운용부서에 몸담았을 만큼 다양한 금융상품에 풍부한 경험을 갖추기도 했다. 자신만의 확고한 매매원칙과 매매전략으로 꾸준히 수익을 내고 있는 자타공인 주식 고수다. 현재는 SIS투자자문에서 주식운용과 자문, 강연 등을 하고 있다.

기전업

부업으로 주식투자를 할 때만 해도 적잖은 수익을 거뒀다. 온종일 주식투자에 집중할 수 있다면 더 큰 수익을 거둘 것으로 생각해서 전업투자자로 전격 변신했다. 그러나 정보수집, 단타 매매, 생활비 필요성의 현실적이고 기술적인 문제에 부딪히며 최악의 위기를 겪기도 했다. 다시 절박한 심정으로 자신만의 원칙과 전략을 수립하고 중장기 전략으로 전환하며 지금은 꾸준히 수익을 내는 주식투자자로 거듭났다. 다만, 주식 외 코스피 선물 옵션 등의 파생상품에서 이렇다 할 수익을 내지 못하고 있다.

백치미

주식투자로 돈을 번 친구들이 부러워 무작정 주식을 시작했다. 누구나 맘만 먹으면 쉽게 돈을 벌 것으로 생각했다. 2009년 대세 상승기부터 주식투자를 시작해서 초반에는 괜찮은 수익을 내기도 했다. 그러나 수익이 10~20%만 발생해도 다시 가격이 빠질 것이 두려워 차익을 실현한다. 그중에는 몇 배의 대박 종목도 있었지만 큰 수익을 내지 못하고 작은 수익에 나오고 말았다. 오히려 손실이 발생하면 다시 오르겠지라는 마음과 돈이 아까워서 절대 손절매를 하지 못한다. 대세 상승기가 꺾이며 자신이 어떤 종목을 들고 있는지 모를 정도로 원칙 없는 백화점식 종목 보유를 하고 있으며 이미 누적 손실도 50%를 넘은 상태다.

산전수

60세가 넘은 모임의 최고령자로 인생과 주식투자에서 산전수전을 다 겪었다. 적잖은 수업료를 내고 다양한 경험을 했지만, 주식 실력은 좀처럼 발전이 없다. 주변 투자자들에게 과도하게 의지하며 손실을 모두 남 탓으로 돌리는 등 자립심과 책임감이 부족한 탓이다. 액면가 이하의 저가주를 선호하며 남들을 지나치게 의식한다.

주단타

취업 삼수생으로 올해에도 금융권 취직이 안 되면 주식 전업투자자를 계획 중이다. 월급처럼 매달 일정 수익을 거둬야 한다는 생각에 데이트레이딩 위주의 단타매매에 전념한다. 순발력과 집중력이 좋아 단타매매를 위한 기본 조건은 갖춰졌으나 치밀한 전략과 필살기 부재로 고전을 면치 못하고 있다. 주식투자에서 단기매매로 꾸준히 수익을 내는 현실적 한계를 깨닫고 중장기매매로의 전환을 모색 중이다.

자사주

회사의 자사주를 배정받으며 주식투자에 입문했다. 투자한 회사의 사정을 잘 알고 있으면 주식으로 쉽게 돈을 번다고 생각했다. 또한, 바쁘다는 이유로 주식 공부를 일절 하지 않으면서 잘 알고 있는 종목은 분석이나 전략 없이도 수익을 낼 수 있다고 착각한다. 자존심이 세고 주식시장에 지고 있다는 사실을 인정하지 않는다. 일확천금을 노리고 투자를 시작한 것이 아니라 단순히 용돈 벌이 삼아 시작했기에 작은 손실에도 큰 상실감과 거부감을 갖고 있다.

강초보

주식투자를 시작한 지 6개월밖에 안 된 20대 후반의 주식 초보자다. 모의투자와 눈으로 매매할 때는 주식투자가 어렵지 않다고 생각했다. 그러나 실전매매를 시작하며 고전을 면치 못하고 있다. 어떻게 주식을 공부하고 어떤 종목을 선정해서 어느 가격대에 매입해야 하는지 주식투자에 대한 모든 것이 막막하기만 하다. 다만 주식투자에 대한 강한 의지와 열정을 보이고 있어 성공적인 투자자로서의 가능성이 엿보인다.

나왕년

증권사 지점 경력만 30년 이상 된 주식시장의 베테랑이다. 1등 지점의 지점장으로 승승장구했고 본인 계좌의 주식투자에서도 한 때 큰 수익을 내기도 했다. 논리적 분석과 치밀한 전략보다는 감각 위주의 베팅을 하며 '모 아니면 도' 식의 몰빵투자 위주로 매매를 한다. 그러나 한 번의 잘못된 투자에서 기존 원금의 대부분을 잃고 지금까지 제대로 된 감을 찾지 못하고 있다. 허세가 강한 성격으로 지고는 못 배기는 성격이다.

나도 한때 잘 나가던 사람

언젠가 다시 한 방 터트릴 것이다

어색한 침묵을 깨고 맨 처음 주식시장 얘기를 꺼낸 정장 차림의 신사분이 이번에도 먼저 말문을 연다. 주식시장에 대해 누구 못지않게 많이 알고 있다는 표정에서 강하게 풍겨오는 허세를 감출 수 없다.

나왕년 저는 증권사 출신이고 현재까지 증권사 지점에서 근무하고 있습니다. 1980년대 중반에 상고를 졸업하고 증권사에 취직했습니다.

처음 B증권사에 지점 영업으로 입사에서 계약직 투자상담사로 전환한 지금까지 지점 영업맨으로 생활하고 있습니다. 고졸 출신이라는 선입견과 편견 때문에 입사 초기에는 자리를 잡기 힘들었습니다. 괜찮은 실적에도 대리에서 과장으로 승진하기가 참 어려웠죠. 그러나 1997년 IMF 사태로 증권사에 큰 변화의 바람이 불었습니다. 물론 대부분의 사람에게는 아픈 변화였지만 뜻하지 않게 많은 직원이 퇴직하면서 저에게 기회가 왔습니다.

최고수 그 당시 증권사 직원들은 맞보증으로 인한 도피와 빚잔치로 어려움을 겪었죠. 그런 최악의 상황이 지나자 바로 코스닥 붐이 불었고요. 그 덕을 보셨나 봅니다.

나왕년 코스닥 붐이 불면서 그 기회를 잘 잡았습니다. 지점에서 탁월한 약정수익을 올리면서 과장에서 차장으로 그리고 서울 한복판에 있는 서울 지점장으로 2년 만에 초고속 승진을 했습니다. 거기에 인복이 있다고나 할까요? 회사의 실세인 임원 눈에 띄어 그분의 큰 고객을 관리하면서 6개월 만에 10등 지점을 1등 지점으로 끌어 올렸습니다.
그리고 그때부터는 말 그대로 승승장구였습니다. 지점 수익이 좋았을 뿐만 아니라 제 개인 돈도 모찌(차명계좌)로 운용하면서 집과 차도 마련하고 목돈도 모을 수 있었습니다.
코스닥 붐이 꺼지면서 거품이 빠지듯 주변에서 많은 투자자가 큰 손실로 힘들어할 때도 저는 운 좋게 큰 손실을 보지 않았습니다.

최고수 코스닥 붐이 꺼지면서 실로 개인투자자들의 무덤이라고 할 만큼 큰 손실을 본 고객이 많았죠. 증권사 지점도 고객들이 HTS 등으로 빠져나가면서 약정 수수료가 줄어들어 고전을 면치 못할 시기였는데 그때도 약정과 지점관리를 잘하셨군요?

나왕년 어려운 시기에도 지점 약정이 줄지 않았고 주식투자에서 큰 손실을 보지도 않았습니다. 그러나 2008년에 뜻하지 않은 시련이 찾아왔습니다. 2008년 외환위기 때도 폭락을 예견하고 현금으로 기회를 노리고 있었습니다. 다만, 그 운을 너무 과신하고 안일하게 대응한 것이 패착이었습니다. 코스피가 1천이 깨지자 기회라는 생각에 현금화시켰던 모든 자금을 주식에 투자했습니다. 그러나 결정적으로 종목선정에서 실패했습니다. 소위 차화정(자동차, 화학, 정유주) 테마주를 잡았어야 했는데 코스닥에 베팅했습니다.

최고수 증권시장에서 이렇다 할 실패 없이 20년 가까이 버텨왔다는 자신감이 한 번의 시련과 실패에 평정심을 잃게 했나 보네요? 코스피는 1천 선 붕괴 후 수직으로 상승하며 급등하는데 좀처럼 오르지 못했던 코스닥 종목을 잡고 차후 전략을 마련하지 못했군요.

나왕년 무척이나 당황했고 상대적 박탈감과 내가 이렇게 시장에 질 수 없다는 오기까지 발동했습니다. 외환위기로 2,000선에서 1,000선으로 붕괴하는 동안 남들 터질 때 현금을 들고 때를 기다리면서 이때가 기회라고 생각하고 베팅했는데 내가 산 코스닥 종목만 빼고 모든 주식이 급등하기 시작했습니다. 아니 그렇게 보였습니다. 그때부터는 전략 없이 감정적으로 매매하기 시작했습니다. 더 최악인 것은 차마 잘 나가는 차화정은 잡지 못하고 코스닥 주식에서 맴돌며 이 주식 저 주식을 샀다 팔았다 했다는 점입니다. 그렇게 1년을 헤매다 보니 10억이었던 돈이 2억 원 정도밖에 남지 않았습니다. 모찌에서 그렇게 큰 손실을 보다 보니 지점관리가 제대로 될 턱이 없었습니다. 지점 약정도 예전 같지 않으면서 결국 지점장에서 물러나 계약직 투자상담사로 전환하게 되었습니다. 그리고 그때의 악몽 때문인지 주식시장에서 한동안 베팅다운 베팅을 하지 못했습니다. 물론 지금은 예전처럼 한 방을 벌 거란 자신감이 있습니다.

머리가 희끗희끗한 60대 중반의 어르신이 공감한다는 듯이 머리를 끄덕이며 입을 연다.

산전수 주식투자자라면 한 번 정도는 겪게 되는 트라우마를 경험한 것이 아닌가 싶어요. 주식시장에서 감당할 수 없는 금전적 손실을 보면 다음 매매부터는 자신감도 없어지고 모든 시장 상황에서 '예전처럼 큰 손실이 발생하지 않을까?'라는 불안감에서 벗어나기 어렵게 되죠. 그러다 보면 견뎌야 할 때 견디지 못하고 베팅해야 할 때 주저하면서 기회를 놓치고 결국 주식시장에서 수익 내는 것이 어려워질 때가 있죠.

옆에서 듣고 있던 40대 초중반의 안경을 낀 남자도 한마디 거든다.

기전업 매매에서의 멘붕(멘탈붕괴)은 시장을 제대로 맞추지 못해서 손실이 발생했을 때 생기는 것이 아닌 듯싶습니다. 저도 매매하면서 평정심을 잃고 감정 매매를 일삼을 때가 있습니다. 시장의 방향은 제대로 맞췄는데 수익을 내지 못하고 오히려 손실을 볼 때입니다. 예를 들자면 어떤 주식이 급등할 것을 확신하고 매수 호가에 주문을 넣어두었는데 제 수량만 체결 안 되고 올라

갑니다. 조금 기다리면 체결되겠지라며 기다리는데 그대로 날아가 버립니다. 그러면 더 참지 못하고 쫓아가서 잡게 됩니다. 그러나 그 주식이 제가 잡은 것을 아는지 그때부터 견디지 못할 만큼 빠른 속도와 강도로 밀리기 시작합니다. 그러면 일단 더 낮게 잡아야 한다는 마음으로 손절을 합니다. 그런데 제가 매도한 가격을 저점으로 강하게 반등하기 시작합니다. 그리고 다시 급등하는 시장을 쫓아가서 잡았는데 또 조정을 받아 손절했는데 다시 급등하면 그때는 완전히 평정심을 잃고 감정적으로 매매를 하게 됩니다.

산전수 나왕년 님의 경우도 멘붕이 와서 평정심을 잃은 게 아닐까 싶네요. 즉 시장 상승을 제대로 맞췄는데 수익을 내지 못하면서 조바심과 초조함에 사로잡히게 된 거죠. 결국은 평정심을 잃어버리고 감정적인 매매로 일관하다 걷잡을 수 없는 손실을 본 것이 아닌가 싶네요.

최고수 두 분 모두 매매에 있어 심리적인 부분의 중요성에 대해 좋은 말씀 해주셨습니다. 트라우마나 흔히 멘붕이라는 '정신적 평정심 붕괴'는 바로 심리적인 부분이 타격을 입은 것이죠. 그러나 앞으로 이야기를 진행하겠지만 나왕년 님 실패의 결정적인 이유는 매매원칙과 전략 부재 때문인 것 같습니다. 흔히 '메사끼'라고 하는 매매 감각에만 지나치게 의존한 채 그것이 한 번 맞지 않게 되자 본인이 스스로를 통제하지 못하게 된 겁니다.

손실은 모두 남 탓

내 손실은 모두 남들 때문이다

최고수 이 모임에서 가장 연장자가 되시는 것 같은데요. 좋은 의견 주
신 산전수 님의 매매 경험담을 들어볼까요?

산전수 IMF가 나왕년 님에게 새로운 기회의 출발점이었다면 저는 고
달픈 인생이 시작된 악몽 같은 사건입니다. IMF 전까지만 해도
직원이 20명 남짓한 중소기업을 운영하고 있었습니다. 그런데
IMF가 터지면서 모든 것이 한순간 뒤바뀌고 말았습니다. IMF
로 물건이 팔리지 않고 받아야 할 돈은 못 받고 갚아야 할 돈
은 빚쟁이들에게 다 빼앗기고 나니 결국 빈털터리가 되었죠. 그
전에도 주식은 했습니다. 친구가 증권사에 근무해서 그 친구
를 통해 괜찮은 종목을 추천받아 매매했고 일부는 그 친구가
일임 매매를 하기도 했습니다. 그러나 그 주식도 IMF가 터지면
서 거의 휴짓조각이 되고 말았죠. 그때부터는 가장으로서 가
족을 먹여 살리기 위해 닥치는 대로 일을 했습니다. 다행히 탁

월한 성실함 덕에 조금씩 자리를 잡고 5~6년 만에 어느 정도 여유자금이 생겨 음식점을 개업할 수 있었습니다. 그런대로 장사가 잘 돼서 그때부터 주식투자를 다시 시작하게 되었습니다. 물론 처음부터 거래하던 증권사 친구가 있었지만, 손실이 모두 그 친구 때문인 것 같아 음식점 근처에 있는 증권사에 계좌를 열고 주식투자를 시작했습니다.

최고수 음식점을 운영했다면 많이 바쁘셨을 텐데요? 주식투자를 할 여유가 있었나요?

산전수 일반 직장인들보다는 시간 내기가 어렵지 않았습니다. 식당도 잘 운영되어 제가 종일 식당에 붙어있지 않아도 되었습니다. 객장에 앉아 있는 시간도 그만큼 많아졌습니다. 객장에 가면 주식 전문가도 있고 모르는 것이 없을 만큼 해박한 투자자들도 많아서 그분들의 도움을 받아 조금씩 주식을 샀다 팔았다 했습니다. 종합주가지수가 상승추세여서 그런지 그분들이 추천하는 종목들이 제법 잘 맞았습니다. 그렇게 수익이 나자 조금씩 투자 금액을 늘려나갔죠. 그런데 객장에서 만난 어떤 지인이 작전주라며 귀띔해준 A주식이 문제가 되었습니다. 차트가 제법 오른 것 같아 조금만 사봤는데 사자마자 A종목이 40~50%가 더 올라버린 겁니다. 그 지인이 "이제부터 시작이고 앞으로 충분히 3배 이상은 갈" 거라며 강조하기에 믿음이 생겨 모든 자금을 A종목에 올인했습니다. 그러나 그때부터 A종목이 슬금슬금 밀리기 시작했습니다. 불안한 마음에 그 지인에게 "지금이라도 팔아야 하는 거 아니냐"고 물어봤지만 "조금 더 기다리면 급등한다"는 말에 지켜보기로 했습니다. 그러던 어느 날 연속 하한가를 맞더니 그 후로는 찔끔 반등 후 큰 폭의 하락을 거듭할 뿐이었습니다. 어느 순간 그 지인은 종족을 감췄고 더 이상 견디지 못하고 정리하니 이미 원금의 80% 이상이 손실이 난 상태였습니다.

최고수 몰빵투자로 너무나도 큰 손실을 보셨네요. 손실의 원인이 무엇 때문이라고 생각하시나요?

산전수 진짜 실력을 갖춘 전문가가 제 주변에 없었기 때문이라는 결론에 이르렀습니다. 그래서 증권사 직원을 한 명 소개받기로 했습니다. 대형증권사였고 좋은 대학을 나온 직원이 친절하게 상담도 해주고 관리도 잘해준다고 하여 그 직원을 믿고 심기일전해서 다시 주식을 시작했습니다.

최고수 지금은 고객들의 수익률로 직원을 평가하는 증권사도 많아졌고 빈번한 매매를 엄격히 금하는 증권사도 많이 늘었죠. 약정 수익보다는 고객들의 수익에 초점을 맞추다 보니 능력 있는 증권사 직원들이 지금은 많아졌죠. 그러나 그 당시에는(2000년 중반) 지점 직원들의 능력을 고객들의 수수료 수입인 매매 약정으로만 평가하던 때라 당연히 잦은 매매를 유도했을 것도 같은데요?

산전수 그것이 문제였습니다. 처음에는 괜찮은 종목도 추천해주고 수익도 나는 듯했는데 오르면 팔기를 권유하고 밀리면 손절의 중요성을 언급하며 팔 것을 권유했습니다. 그 당시 정보도 부족하고 전략도 부재한 상황이라 좋은 대학을 나온 그 증권사 직원을 전적으로 신뢰했습니다. 하지만 처음에 조금 버는 듯싶다가 조금씩 손실이 발생하기 시작했습니다. 그때마다 음식점에서 번 돈을 재투자하며 기회를 노렸지만 밑 빠진 독처럼 돈만 빠져나갔습니다. 증권사 직원이 약정을 위해 저를 이용한 것이 아닌가 싶어 분하기도 하고 괘씸하기도 해서 결국 그 직원과 관계를 끊고 다른 방법을 찾았습니다.

최고수 증권사 객장에 나가지 않더라도 온라인으로 자신의 매매 경험담을 공유하면서 종목과 전략을 같이 토론할 수 있는 사이트도 많았을 텐데요.

산전수 나이가 있어서 그런지 컴퓨터를 배우기가 쉽지 않았습니다. 아들이 주식 관련 사이트를 '즐겨찾기'로 등록해줘서 가끔 들어가긴 했습니다. 하지만 정보와 전략들이 옥석을 가리기 힘들 만큼 다양하고 천차만별이어서 더 혼란스러웠습니다. 그렇게 여기저기 정보를 참고하다 잘 안 되면 누군가의 도움을 청하기를 반복했습니다.

최고수 많은 시행착오를 거치셨네요. 시행착오를 거치면서 매매에 내공이 쌓이고 자신만의 전략을 조금씩 발전시켰다면 좋았을 텐데요. 이것도 아니고 저것도 아닌 허송세월 보낸 것이 아닌지 아쉬움이 큽니다. 이번에는 홍일점인 백치미 님의 투자 경험담을 들어 볼까요?

주식투자로 일확천금

개나 소나 다 주식으로 돈 버는 줄 알았다

백치미 저는 평범한 가정주부입니다. 결혼 전까지는 직장에 다녔지만 결혼하면서 전업주부가 되었습니다. 남편 월급을 착실히 저축해서 집 장만도 하고 기존 대출금도 모두 갚았습니다. 아이들도 어느 정도 크고 여유자금도 생기다 보니 여기저기 돈 굴릴 곳을 알아봤습니다.

2008년 외환위기 때 주식투자로 많은 투자자가 큰 손해를 보고 있을 때 저는 투자를 하지 않아 전혀 피해를 보지 않았습니다. 애초에 주식투자는 아무나 하는 것이 아니라고 다시 한번 가슴을 쓸어내렸죠. 그런데 이후 주식이 많이 빠졌다가 급등하면서 여기저기 돈을 벌었다는 이야기가 들리기 시작했습니다. 결정적으로 고등학교 친구모임에 갔는데 한 친구가 주식투자로 명품 가방을 샀다며 자랑을 했습니다. 다른 친구들도 수익이 나쁘지 않다며 차화정이 어쩌고 테마주가 어쩌고 하는데 아는 것이 없어 대화에 끼지도 못했습니다. 갑자기 저 자신이 한

심해 보였고 '내가 잘 못 살아왔나?'라는 후회가 밀려왔습니다. 학창시절에는 나보다 공부도 못하고 별 볼 일 없는 친구들이었는데 그 어렵다는 주식으로 돈도 벌고 아는 것도 많은 것 같아 부러웠습니다. 한편으로는 친구가 벌면 나도 벌 수 있겠다는 생각이 들었습니다. 그래서 다음 날 바로 가까운 증권사 지점을 방문해서 5백만 원을 계좌에 넣고 관리 직원이 추천해 주는 주식을 매수했습니다.

처음에는 좋았습니다. 주식이 오르는 추세라 그런지 사는 족족 수익이 발생했습니다.

최고수 고스톱을 처음 하는 사람이 돈을 따듯 초보 프리미엄도 있고 진입 시기가 상승추세였으니 큰 실수만 하지 않았다면 수익 내는 것이 그리 어렵지는 않았을 것 같네요.

백치미 괜찮은 수익이 나자 서서히 욕심이 나기 시작했습니다. 2008년 후반 5백만 원으로 시작된 투자금이 어느새 3천만 원까지 늘어났습니다. 주위에 괜찮다는 종목이 있으면 샀다가 오르면 10~20% 수익을 실현하고 나오고 손실이 발생하면 그대로 두었습니다. 벌었던 종목도 꽤 된다고 생각했는데 2종목에서 시작된 주식이 지금은 13종목으로 늘어나 있고 누적 손실도 어느새 50%가 넘었습니다.

최고수 눈물을 머금고 손실을 자르는 것(손절매)은 참으로 어렵습니다. 특히 추세 상승기에 주식투자를 시작해서 처음부터 괜찮은 수익을 거뒀던 투자자라면 더욱 어렵습니다. 추세 상승기에 매수

한 종목은 가격이 하락하더라도 어느 정도 기다리면 본전까지
는 옵니다. 그러다 보니 주식은 손실이 발생해도 기다리면 본전
이 온다는 잘못된 매매 습관과 편견을 갖게 됩니다.

백치미 님은 새로운 어떤 것을 배우기 전에 잘못된 매매 습관
을 고치는 것이 시급해 보입니다.

기전업 주식투자로 돈 벌었다고 떠들어 대는 사람치고 실제로 번 사람
은 몇 없습니다. 혹여 벌었다 하더라도 2~3년 지나고 보면 거
의 다 마이너스입니다. 아마 그 동창분들도 그 당시에도 누적
으로는 손실이었을 거고 지금은 더 큰 손실을 보고 있을지 모
릅니다.

주식투자자로 전업

온종일 집중만 할 수 있다면 떼돈 벌 줄 알았다

기전업   이번에는 제 차례인 것 같네요

첫 직장은 모 제약업체였습니다. 영업직으로 근무하며 약사분들과 여러 제약업체 관계자들을 만나며 제약 관련 주식에 대한 정보를 듣게 되었고 자연스럽게 제약주 위주로 주식투자를 시작했습니다. 약사분 중에 유독 주식으로 괜찮은 수익을 내는 분이 계셔서 그분에게 주식을 배우면서 저 역시 괜찮은 수익을 올렸습니다.

월급이 적게 느껴질 정도로 주식에서 큰 수익이 발생했고 주식투자가 어렵지 않게 느껴지면서 과감히 직장을 때려치우고 주식 전업투자자로 나섰습니다.

최고수   전업투자자로 전환해서도 수익은 여전히 좋았나요?

기전업   전업투자자로 나서면 상대적으로 더 많은 시간을 주식에 할애

할 수 있고 온전히 주식시장에만 집중할 수 있어 더 큰 수익을 낼 거로 생각했습니다. 그러나 기대와 달리 처음부터 주식투자에서 고전하기 시작했습니다.

최고수   어떤 이유 때문이죠?

기전업   그 당시에는 이유조차 알지 못했습니다. 나중에야 주식시장은 바뀐 것이 하나도 없는데 수익을 내지 못했던 이유가 무엇인지 곰곰이 생각해보았습니다. 그리고 3가지 정도로 원인을 압축할 수 있었습니다.

첫 번째는 업무상 도움을 주고받으면서 주식에 대한 정보와 노하우를 주고받았던 지인들이 있었습니다. 그러나 회사를 그만두면서 그분들과 연락하기가 쉽지 않았습니다. 한두 번은 괜찮았지만, 일방적으로 도움을 청하는 것 같아 시간이 지나면서 연락하기가 점점 어려워졌죠.

두 번째는 그전에는 영업일 때문이라도 자주 주식을 쳐다볼 수 없어 장마감 시점에나 가끔 시세를 확인하며 사고팔았습니다. 그러나 전업투자자가 되면서 온종일 주식만 쳐다보고 있다 보니 사고 싶은 유혹, 팔고 싶은 유혹을 떨쳐내기 쉽지 않았습니다. 그 전에 중장기적으로 주식을 묻어 두고 시세가 오르면 팔았던 전략에서 의도하지 않게 단기매매를 하고 있었습니다. 즉 매매 스타일 자체가 완전히 바뀌어 버렸습니다.

세 번째는 월급이 많은 편은 아니었지만, 월급으로 가족의 생활이 가능했습니다. 그런데 회사를 그만두니 고정 수입이 없어 매월 얼마 이상은 벌어야 한다는 압박감이 컸습니다.

최고수   궁즉통(窮則通)이라고 그래도 절실했던 상황이니 어떤 해결책을 찾았겠죠?

기전업   이럴 때일수록 좀 더 차분하고 냉정하게 현실을 직시했어야 했는데 오히려 무리수를 두었습니다. 종일 시장을 쳐다볼 수 있다는 이유로 코스피 선물과 옵션 시장까지 뛰어들었습니다.

주식시장에서도 못 버는데 파생상품에 투자하는 것 자체가 잘못된 출발이었겠죠. 하지만 그 당시에는 빨리 원금을 회복해야 한다는 생각밖에 없었습니다.

최고수   주식시장이 어렵다, 파생상품이 어렵다, 단적으로 어느 쪽 손을 들어 줄 수는 없습니다. 다만 코스피 선물옵션은 시장의 흐름이 빠르고 수급과 시스템 트레이딩 등 다양한 변수들이 개입되어 매매가 더 어려운 것이 사실입니다.

따라서 주식시장에서 괜찮은 수익을 내는 투자자들이 추가 수익을 위해서 파생상품에 뛰어들어야 합니다. 하지만 그 반대로 주식시장의 손실을 어떻게든 빨리 회복하기 위해 파생상품에 뛰어드는 잘못된 사례가 더 많은 것 같습니다.

기전업   코스피 옵션에서 하루에 2~3배 수익이 나는 것을 보니 그 유혹을 뿌리치기가 어려웠습니다. 그러나 코스피 선물옵션을 매매할수록 원금은 자꾸 줄어들었고 결국 대출까지 받는 최악의 상황에 치닫게 되었습니다.

조급함과 불안함에 원칙 없이 사고팔기를 반복하다 집을 담보로 빌렸던 대출금까지 모두 날렸습니다. 결국은 살던 집을 처분하고 처자식을 처가에 보내는 상황까지 이르렀습니다.

최고수   겪어보지 않으면 공감할 수 없는 정말 힘든 시기를 보내셨네요?

기전업   지금은 이렇게 쉽게 말하지만, 한강 근처에 가서 '몹쓸 생각'을 했을 만큼 힘든 시기를 보냈습니다. 그 2~3년이 20~30년으로 느껴질 만큼 하루하루가 고되고 힘든 시절이었습니다. 그리고 마지막으로 집을 팔아 대출금을 모두 갚고 남은 종잣돈으로 주식투자를 다시 시작했습니다.

예전에 수익을 냈던 방식대로 중장기매매로 전략을 바꾸고 종목 발굴과 새로운 매매기법 연구에 모든 시간을 쏟아 부었습니다. 그렇게 조금씩 수익이 쌓이기 시작했고 2~3년이 지나면서 다시 원래 괘도에 오를 수 있었습니다.

최고수   성공한 전업투자자 중에는 그런 참담한 경험을 한 분들도 꽤 있는 것 같습니다.

기전업   그때부터 10여 년이 지났습니다. 다시 집도 장만하고 투자금도 꽤 모았습니다. 큰 수익은 아니지만 매년 일반 대기업 임원 이상의 수익도 내고 있습니다.

최고수   꾸준히 괜찮은 성과를 내고 있는데 이 모임에 오신 이유는 무엇 때문이죠?

기전업   예습, 복습하듯이 매일 장이 마감하면 복기하고, 다음 날 전략을 짜고 새로운 매매기법도 개발하려고 노력합니다. 그러나 최근 2년 전부터 일정 수익 이상은 벌지 못하고 오히려 수익이 조금씩 줄어들고 있습니다. 어떤 이유로 매매에 발전이 없는지 처음부터 검토해 보려고 왔습니다. 또 다른 이유는 코스피 선물 등의 파생상품에서 이렇다 할 수익을 내지 못하고 있습니다. 왜 벌지 못하는지 그리고 앞으로 어떤 식으로 접근해야 할지 알고 싶습니다.

최고수 자산을 관리하는 데 있어 첫 번째로 해야 할 것은 자산 배분이 겠죠. 주식과 파생상품의 투자 비중이 어떻게 되는지 모르겠지만, 주식의 수익이 괜찮다면 주식투자 비중을 늘리고 파생상품의 투자 비중을 상대적으로 줄이는 것이 하나의 방법이 될 수 있습니다. 자세한 이야기는 나중에 더 하기로 하고 이번에는 2명의 젊은 친구 중 주단타 군부터 이야기해 볼까요?

주식 단기매매의 꿈

주식 단기매매로 월급처럼 꼬박꼬박 벌고 싶다

주단타 대학교 때 주식동아리 활동을 하면서 주식에 대한 관심은 누구 못지않게 많았습니다. 졸업한 지금은 증권사 취직을 희망하고 있습니다. 그런데 취업 삼수생으로 2년째 취직을 못 하고 있습니다. 비경상계열에다 증권사마저 인원을 축소하고 있어 취직이 더 안 되는 것 같습니다.

(연합뉴스, 「여의도 떠난 증권맨 4년 새 8천 명… 감원 확산추세」, 2016.01.06.)

최고수 취업 준비 때문에 주식투자는 못 하고 있겠군요?

주단타 취업 준비와 주식투자를 병행하고 있습니다. 주식투자는 3년 전부터 본격적으로 시작했습니다. 만약 올해도 취직을 못 하면 전업투자자로 나설까 진지하게 고민하고 있습니다. 하지만 수익이 좋지 않아 과감하게 전업투자자로 뛰어드는 것도 망설여집니다.

최고수 어떤 식으로 주식투자를 하고 있죠?

주단타 최소 생활도 해야 하고 월급쟁이처럼 매달 일정 수익 이상은 벌어야 한다는 생각이 큽니다. 그래서 포지션을 길게 끌고 가지 않고 단기매매에 치중하고 있습니다. 데이트레이딩처럼 당일에 변동성 큰 종목을 선정해서 저점매수, 고점매도 전략으로 수익을 쌓으려고 합니다. 간혹 괜찮은 종목이라는 생각이 들면 2~3일을 끌고 가기도 하지만 일주일 이상 들고 가지는 않습니다.

최고수 단기매매로 주식시장에서 수익을 내는 것은 상당히 어렵습니다. 그렇다고 중장기매매가 쉽다는 뜻은 아닙니다. 다만 단기매매는 시장에 빠르게 대응할 수 있는 순발력과 기계적으로 사고파는 실행력을 갖춰야 합니다. 또한, 시장에 초집중할 수 있어야 하고 중장기 전략과 다른 치밀하고 디테일한 단기 전략도 갖춰야 합니다.

주단타 아직은 젊어서 충분히 가능하다고 생각했습니다. 주식 단기매매로 월급처럼 꼬박꼬박 매달 벌고 싶었습니다. 그러나 단기매매를 하면 할수록 더 요원해지고 어려워지는 느낌입니다.

최고수 단기매매로 주식시장에서 돈을 버는 투자자는 극소수에 지나지 않습니다. 그 정도의 실력을 갖춘 투자자라면 주식시장이 아닌 코스피 선물옵션시장에서 단기매매를 하는 편이 좋습니다. 매수와 매도를 모두 베팅할 수 있는 파생상품이 단기매매에 더 적합하기 때문입니다. 매수밖에 할 수 없는 주식으로 단기매매를 해서 수익을 내는 것은 당연히 어려울 수밖에 없습니다.

주단타 단기매매를 하지 않는다면 주식투자로 매달 벌 수는 없지 않습니까?

최고수 발상의 전환이 필요하겠죠. 단기투자로 매달 벌어야 한다는 생각부터 버려야 합니다. 중장기투자로 매년 괜찮은 수익을 쌓는다는 생각으로 출발할 필요가 있습니다. 그리고 투자금의 100%를 주식에 투자하지 않고 10~20% 정도는 생활비 혹은 예비 투자금으로 남겨두는 방법이 있습니다. 매달이 아닌 매년 몇 %의 수익을 낸다는 계획으로 중장기 손익계산서를 작성한다면 매달 벌어야 한다는 집착에서 벗어날 수 있습니다.

프로라는 착각

잘 아는 주식에 투자하는데 왜 수익이 나지 않을까?

    이번에는 직장에서 막 퇴근하고 오느라 피곤한 기색이 역력한 40대 초반의 남성에게 시선을 돌린다.

자사주   저는 주식에 관심이 없었습니다. 그런데 5년 전 지금 다니고 있는 코스닥 상장업체로 이직하면서 조금씩 관심을 가지게 되었습니다. 그러다 유상증자 때문에 자사주를 배정받게 되었습니다. 회사의 실적이 향상되기도 했지만, 총무부에 있다 보니 자연히 회사 사정에 대해 누구보다 잘 알 수 있게 되었죠. 그래서 용돈이나 더 벌어 볼 요량으로 회사 주식을 추가로 매수하면서 본격적으로 주식투자를 시작하게 되었습니다.

최고수   아무래도 회사의 실적과 미래 전망 등을 속속들이 알 수 있으니 투자 성적은 나쁘지 않았겠는데요?

자사주 당연히 좋을 줄 알았습니다. 그런데 회사의 사정을 너무 잘 알고 있다는 점이 오히려 화를 불러왔습니다. 그냥 묻어두고 회사의 실적과 전망에 따라 중장기적으로 보유했다면 괜찮았을 겁니다. 그러나 회사 실적 발표와 신기술 개발 등의 공시를 적극적으로 이용해서 추가 수익을 내기 위해 단타로 접근한 것이 문제였습니다. 매달 용돈이나 좀 벌어볼까 생각했던 거죠. 즉 공시 발표 전에 사두었던 주식을 공시 발표와 함께 급등하면 일단 팔고, 조정을 받으면 다시 사는 식으로 접근하려고 했던 겁니다. 그러나 주식은 제 생각처럼 움직여 주지를 않았습니다.

잘 팔았다고 생각했는데 강하게 추가 상승해서 더 참지 못하고 쫓아 들어가면 그때부터 꼬꾸라지기 시작했습니다. 겁나서 다시 손절하면 다시 그 가격부터 반등하기를 반복했습니다. 그렇게 잦은 손실을 반복하다 지금은 매수한 주식이 30%가 빠져서 그냥 들고 있습니다.

기전업 용돈이나 벌어볼까라는 안일한 마음부터가 잘못된 것이 아닌가 싶습니다. 알면 알수록 주식시장은 호락호락하지 않습니다. 저처럼 매일 독을 품고 죽기 살기로 덤벼도 수익 내기가 쉽지 않거든요.

최고수 '주식투자는 엉덩이로 돈을 번다' '주식투자는 바보가 돈을 번다'는 말이 있습니다. 농담처럼 회자되는 이야기 중에 '주식 사놓고 감옥 갔다가 10년 만에 출소했더니 100배가 뛰어 있더라' '주식 산 것을 까먹고 장기간 해외에 갔다 왔더니 부자가 되어 있더라'라는 말도 있습니다.

성공적인 단기매매기법을 터득하지 않았다면 단기매매에서 수익을 내는 것이 얼마나 어려운지를 단적으로 암시해주는 이야기들입니다. 자사주 님과 주단타 님 모두 원칙 없는 단타 매매로 고전을 면치 못하는 것 같습니다.

그러나 자사주 님의 경우 자신이 잘 아는 종목만 투자한다는 점은 상당히 희망적인 부분이라 생각됩니다. 자사주 외에 다른 주식은 보유하고 있지 않나요?

자사주 친한 친구가 다니고 있는 회사의 주식도 어느 정도 가지고 있습니다. 다음 달 실적이 어쩌고 앞으로 회사의 비전이 어쩌고 하면서 앞으로 주식이 2배 이상은 갈 거니까 사두면 후회하지 않을 거라고 해서 샀습니다. 친구 따라 강남 간다고 친구 말 믿고 샀다가 그 친구와 같이 물려있어 마냥 들고 있습니다.

최고수 아무리 잘 안다고 자신하는 종목도 원칙과 전략은 필요합니다. 물론 주식투자에 대한 기본적인 개념도 알고 있어야 합니다. 이제 마지막 한 분 남았네요. 유일한 20대인 강초보 군의 이야기를 들어볼까요?

초보투자자의 막막한 심정

강초보　이름은 강초보이고 나이는 28살입니다. 입사한 지 1년밖에 안 됐고 주식투자를 시작한 지도 6개월 정도밖에 안 된 주식 초 보자입니다.

제가 주식투자를 시작한 것은 제 나이 또래 직장인들의 비슷한 고민에서 출발합니다. 은행 실질 금리는 1%대로 낮아져서 은 행에 넣어봐야 이자로 목돈을 모을 수 없습니다. 부동산은 여 러 이야기가 있지만, 아파트나 주택 물량은 계속 늘어나고 실 구입자는 줄어들어 수요와 공급상 더 오를 것 같지 않습니다. 어렵게 취직에 성공할 때만 해도 세상이 다 내 것 같았지만, 막 상 취직하고 보니 여기는 또 다른 정글이고 전쟁터입니다. 위 에 차 부장님을 보면 저도 20년 이상 직장생활을 하기는 힘들 것 같다는 생각이 듭니다. 그 전에 목돈을 굴려서 노후를 대비 해야 하는데. 결국은 주식투자밖에 없다는 결론에 다다랐습니 다. 그런데 어떻게 어떤 식으로 주식투자를 해야 할지 막막하고 막연하기만 합니다.

최고수 회사에서 받는 월급만으로 집 사고, 차 사고, 거기에 노후까지 대비하는 것은 힘들어졌습니다. 물론 회사에서 승승장구하며 부장 달고, 임원 달고, CEO까지 하면 좋겠지만, 피라미드식의 조직구조에서는 거의 하늘의 별 따기와 같습니다.

그러자면 월급의 일부분을 모아 목돈을 만든 후 그 목돈으로 돈을 불리는 수밖에 없습니다. 지금으로써는 주식투자가 가장 적합하다는 데 동의합니다.

강초보 실전투자를 하기 전에 6개월간 모의투자를 했습니다. 그때는 수익이 꽤 좋아서 실전투자를 해도 어느 정도 수익은 가능하리라 생각했습니다. 그래서 생각해둔 종목에 바로 투자했습니다. 그런데 모의투자 때와 다르게 사자마자 큰 손실이 발생해서 지금은 그냥 관망하고 있습니다.

최고수 주식투자에 겁 없이 뛰어드는 잘못된 투자 유형이 3가지 있습니다.

첫 번째는 백치미 님같이 남들이 버니 나도 쉽게 벌 수 있을 것 같아 무작정 주식투자에 뛰는 경우입니다.

두 번째는 한 분야에서 성공했다고 자부하는 사람들이 '주식시장에서도 성공할 수 있다'는 막연한 자신감으로 뛰어드는 경우입니다.

세 번째는 강초보 군처럼 눈으로 매매할 때 제법 수익이 발생해서 실전에서도 어렵지 않게 돈을 벌 수 있다고 생각하는 유형입니다.

눈으로 매매하는 것은 결과를 보고 매매하는 것과 크게 다르지 않습니다. 결과를 보고 매매하면서 수익을 내지 못하는 투자자는 없습니다.

강초보 모의투자나 실전투자나 큰 차이가 없다고 생각했습니다.

최고수 모의투자와 실전투자는 결정적 차이가 있습니다. 모의투자는 심리가 배제되었다는 점입니다. 유럽의 전설적인 투자자 앙드레 코스톨라니의 저서 『투자는 심리 게임이다』에서는 투자에서 심리가 차지하는 비중이 절대적임을 말해주고 있습니다.

모의투자에는 보유 종목이 급락할 때 느끼는 공포심, 어느 정도 수익이 발생하기 시작하면 몇 배의 수익이 가능할 수도 있다는 섣부른 욕심 혹은 다시 빠질지 모른다는 불안감, 손실이 발생하면 내 종목만 빠지는 것 같은 상대적 박탈감과 상실감, 연속 수익이 발생하면 어김없이 찾아오는 하늘을 찌를 듯한 자만심 등 주식투자에 악영향을 미치는 그 모든 심리적 요소들이 배제되어 있습니다.

강초보 이제는 어떻게 매매를 해야 할지 막막하고 답답합니다. 주식투자는 어떻게 해야 합니까?

최고수 단답식으로 짧게 정답을 말할 수 있는 부분이 아닙니다. 오늘 몇 시간 동안 이야기한다고 선명하게 해결될 문제도 아닙니다. 지금부터 앞으로 남은 7주 동안의 클리닉을 통해서 최소 어떤 식으로 주식투자를 해야 할지 배우게 될 겁니다. 4주차에 있을 실전 전략 편에서는 주식투자의 실제적인 전략에 대해서도 간단히 소개할 예정입니다.

6주차, 7주차에는 주식매매를 위해 필요한 원칙과 자세, 전략 등을 추가로 소개하고 어떤 식으로 주식투자에 접근해야 하는지도 배우게 될 겁니다. 서두르지 마시고 강의에 적극적으로 참석하면 최소 어떤 식으로 주식투자를 해야 하고 어떻게 해야 돈을 벌 수 있는지 정도는 배울 것으로 확신합니다.

첫 강의는 피상담자 7명이 주식투자 경험담을 이야기하고 상담자인 최고수가 간단히 문제점을 지적하고 의견을 제시하는 선에서 마무리되었다.

다음 주부터 본격적으로 매매 진단표와 주식 진단표를 작성하기 위한 수업이 진행된다. 그 과정에서 각자의 주식투자에 있어 잘잘못과 향후 주식투자의 올바른 방향에 대해 심도 있는 이야기를 나눌 예정이다.

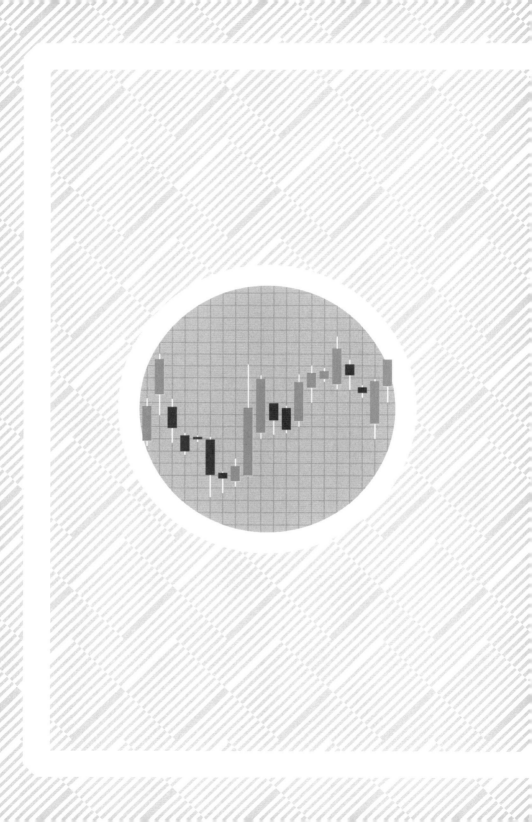

제 **2** 장

매매 원칙

최고수   지난 시간에는 여기 계신 분들의 주식투자 경험담을 들어봤습
니다. 이번 시간에는 매매원칙과 관련된 8개 항목에 대해 차례
로 이야기하며 본격적인 수업을 진행하도록 하겠습니다. 매매
원칙은 매매하는 데 있어 반드시 지켜야 할 원칙에 관련된 내
용입니다. 이미 충분히 알고 있거나 너무 잘 알고 있어 식상하
실 수도 있습니다. 하지만 오히려 너무 잘 알고 있어 그 중요성
이 간과되는 경우가 많습니다.

목표가 설정과 손절매

정해 놓은 손절가격대가 오면 무조건 정리한다

최고수 먼저 8개 항목 중에서 가장 중요한 손절매에 관해 이야기해 보
도록 하죠. 손절매는 진입 시 정해 놓은 손실률이나 손실가격
대가 오면 손실을 감수하고 파는 것을 말합니다. 손절매를 잘
하는 투자자는 정해 놓은 손실가격에 기계적으로 정리하는 투
자자입니다. 반대로 손해 보고는 절대 팔지 못하거나 손실가격
을 정해놨음에도 망설이며 팔지 못하는 부류는 손절매를 잘하
지 못하는 경우에 해당합니다.

나왕년 증권사 지점에서 개인투자자들의 주식을 관리하면서 가장 안
타까웠던 부분이 손절매를 주저하다 결국 골든타임을 놓쳐 그
종목에 대해 자포자기하는 것이었습니다. 수익이 발생했을 때
는 혹시 그 작은 수익도 챙기지 못할까 10~20%의 작은 수익
에 만족하고 팔아버립니다. 그러나 손실이 20~30% 나면 다시
본전까지 오겠지라는 마음으로 손절을 하지 못합니다. 그렇게

손절매하기를 주저하고 기다리다 결국 더 큰 손실이 발생하게 되면 그냥 그 주식을 포기하는 경우를 많이 봤습니다. 그때 주로 듣는 이야기가 '이 주식은 자식에게 상속한다'느니 '이 주식과 사랑에 빠져 결혼했다'느니 하는 말입니다.

최고수 휴짓조각에 가까운 주식을 상속받는 자식들도 그다지 기뻐할 것 같지는 않네요. 또한, 3쌍 중 1쌍이 이혼한다고 하는데 많은 투자자들이 3종목 중 1종목을 손절매하는 것도 어려워하는 것으로 봐서는 결혼이 아니라 운명을 같이했다고밖에는 설명할 수 없겠죠. 매년 평균 20여 개에서 100종목 가까이 상장폐지된다고 합니다. 그런데 혹여 몰빵투자한 종목이 상장폐지라도 당하게 되면 기회 자체가 사라지게 됩니다.

(참조: 상장폐지 2010년 94개사, 2011년 71개사, 2012년 65개사, 2013년 47개사, 2014년 24개사)

백치미 마치 제 이야기를 하는 것 같아 많이 부끄럽긴 한데요, 손절매의 중요성과 필요성을 너무나도 잘 알면서도 손절매가 잘되지 않습니다. 어떻게 해야 손절매를 잘할 수 있는지 정말 알고 싶습니다.

기전업 제가 큰 수익을 내는 탑트레이더는 아니지만 그래도 주식시장에서 장기간 살아남아 매매를 할 수 있었던 것은 그나마 손절매를 제때에 했기 때문입니다. 손절매는 누구에게나 힘듭니다. 저 역시 손절매하는 것이 무척이나 어렵습니다. 그러나 약간의 주저함은 인간이기 때문에 어쩔 수 없이 겪게 되는 과정이라 생각합니다. 제가 생각한 손절매 가격이나 타이밍에 손절매를 못 했는데 추가로 가격이 하락하게 되면 그때는 '이러다 모든 돈을 다 날릴 수 있다' 혹은 '이러다 내가 죽을 수 있다'라고 극도의 경각심을 불러일으켜 죽기 싫어서라도 손절매를 하게끔 만듭니다.

저 역시 손절매하고자 하는 바로 그 가격에 손절매하는 경우는 많지 않지만 2~3호가라도 더 밀리게 되면 반드시 손절매를 합니다.

최고수 기전업 씨가 손절매에 대해 좋은 말씀을 해주셨습니다. 베테랑인 저 역시 손절매하는 것은 지금까지도 쉽지 않습니다. 내가 산 주식을 더 싸게 팔고 싶어하는 사람은 없습니다. 거래할 때 손해를 보면서 거래하려는 사람이 없는 것과 같습니다. 어떻게든 손해를 보지 않으려는 것은 인간이면 누구나 갖는 지극히 근원적이고 자연스러운 마음입니다. 그럼 손절매를 하는 것이 어렵기 때문에 손절매를 하지 않아도 괜찮은 건가요? 당연히 아니죠. 손절매했을 때가 손절매를 하지 않았을 때보다 좋은 결과가 발생한다는 것을 스스로 꾸준히 납득하고 이해해야 합니다.

제가 제도권 트레이딩룸에서 20년 이상 근무하면서 손절매 때문에 매매다운 매매도 못 해보고 타 부서로 발령이 나거나 계약직의 경우에는 강제로 퇴사하는 것을 너무나도 많이 봐 왔습니다. 신뢰는 장기간 착실히 쌓아야 하지만 허물어지는 것은 한순간이라는 말이 있습니다. 손절매 타이밍을 놓쳐 버리면 착실히 번 수익도 모두 날리고 감당할 수 없는 큰 손실로 주식시장을 떠나게 될 수도 있습니다.

손절매를 못 하는 이유

오른다는 확신이 있어도 시장이 반대로 가면 고집을 꺾는다

최고수 투자자들이 손절매를 하지 못하는 이유는 무엇 때문일까요?

백치미 돈이 아까워서겠죠.

최고수 아까워서겠죠. 돈이 아까워서겠고, 내가 공부하고 분석했던 시
간과 노력이 아까워서겠고, 누군가에 들은 고급(?) 정보가 아
까워서겠죠.

나왕년 많은 시간을 연구하고 분석해서 확실하다고 생각했는데 시장
이 반대로 움직이면 정말 손절매하기가 어렵습니다. 지금까지
지워지지 않는 쓰라린 경험이 있습니다.
저는 차티스트를 자부합니다. 장기간 횡보 후 거래량이 늘면서
박스권 상단을 돌파하는 종목을 특히 선호합니다. C라는 주
식 종목이 딱 그런 차트였고 실적도 상당히 괜찮았습니다. 향

후 추가 실적에 대한 기대감을 갖게 할 만큼 업종도 호황 중이었습니다. 그래서 최소 2배 이상은 오른다는 확신으로 무리해서 투자를 많이 했습니다. 그리고 실제로 30% 이상 상승하기도 했습니다. 횡보 구간을 에너지가 축적되는 과정이라고 할 때 에너지 분출 시 2배 이상의 상승이 가능하다고 자신했습니다. 그러나 30% 상승 가격이 역사적 고점이 되고 말았습니다. 그때부터 조금씩 밀리기 시작하더니 이틀 연속 10% 이상 하락해서 본전 가격까지 왔습니다.

최고수 이틀 연속 장대음봉이 나타나면 차티스트로서 강한 경계감을 가져야 하는 거 아닙니까?

나왕년 '이렇게 밀릴 이유가 없는데'라며 혹시 내가 모르는 악재가 있는 것은 아닐까라는 불안한 마음이 엄습했습니다. 하지만 오히려 강하게 흔들어서 쫀지(추격매수자의 증시 비속어) 세력을 털어버린 후 물량을 더 모으려는 것이 아닐까라고 생각했습니다. 그러나 추가 하락 후 3일째 되던 날 개장 후 몇 분 만에 하한가까지 밀리더니 하한가 잔량이 갑자기 쌓이기 시작했습니다. 그리고 바로 뉴스가 떴습니다. 그 종목이 분식회계를 했다는 겁니다. 한참이 지났지만 극도의 공포감 속에서 망연자실했던 모습이 다시 떠오르는 것만 같습니다. 최소 하한가에라도 정리할 마지막 기회가 있었는데 분위기가 이상하다는 것을 감지했으면서도 '내 분석이 맞다'고 끝까지 고집을 부렸습니다.

산전수 나왕년 씨처럼 스스로 공부하고 연구한 종목도 아닌데 100%

오른다는 지인들의 말을 곧이곧대로 믿다가 낭패를 본 경우가 많습니다. 심지어는 추천해 준 이가 이 종목은 잘못 추천해준 것 같다며 10~20% 손실 구간에서 손절매하라는 말을 해도 '본전까지는 갈 거야'라고 똥고집을 부리다 더 큰 손실을 본 경우도 있습니다. 이유 불문하고 한 번 매수한 종목을 손해를 보고 팔기는 쉽지 않은 것 같습니다.

최고수 손절매하지 못하는 첫 번째 이유는 고집 때문입니다. 제도권 트레이더(매니저)들도 예외는 아닙니다. 장기간 연구와 분석을 거듭해서 상승할 거라고 베팅한 종목은 확신에 확신을 입힙니다. 그리고 내 확신과 다르게 그 종목이 하락해도 내 생각이 맞고 시장이 틀리다고 끝까지 고집을 부릴 때가 있습니다. 그러나 제도권에는 손실 한도가 있어서 그 종목을 보유하고 싶어도 강제적으로 정리됩니다. 어쩌면 손절매 제도는 제도권 트레이더들을 보호하는 장치이기도 합니다.

자신만의 원칙으로 투자하라

미련이 생겨도 원칙대로 정리한다

백치미　그러나 손실이 커져도 팔지 않고 놔두었다가 오히려 본전 혹은 플러스 가격에 팔고 나오는 경우도 있지 않습니까?

산전수　저도 그런 경험이 많습니다. 그러나 생각해보면 손절매를 심각하게 고려했던 종목이 다시 2~3배 이상 급등하더라도 그 상승 가격까지 기다렸다가 팔고 나오는 경우는 없었던 것 같습니다. 여기서 '손절매해야 해, 말아야 해'라고 심각하게 고민했던 종목은 본전만 와도 너무 고맙고 감사해서 플러스로 전환하면 바로 팔아버리곤 했습니다.

최고수　손절매를 고민했던 종목은 손절매 타이밍을 놓치게 되면 반토막 혹은 상장폐지까지 가는 경우가 있습니다. 하지만 운 좋게 반등해도 크게 수익을 내고 나오는 경우는 많지 않습니다. 또한, 실제로 본전까지 반등하는 경우보다 급락해서 큰 손실을 보는 경우가 확률적으로 높습니다. 사실 대부분의 투자자들이 이 사실을 잘 알면서도 손절매를 하지 못하는 이유는 바로 두 번째 이유인 미련 때문입니다.

기전업 예전에 상한가 따라잡기 매매를 한동안 했습니다. 상한가에 들어가는 종목을 상한가에 따라가서 다음 날 시초가가 높게 형성되면 팔고 나오는 전략이었죠. 물론 운 좋게 다음 날도 상한가로 출발하면 하루 더 지켜볼 때도 있었습니다.

최고수 상한가 따라잡기 매매가 한때 큰 유행이어서 주식투자 경험이 10년 이상인 분들은 한 번 정도는 시도해봤을 것 같은데요. 그러나 상한가 따라잡기 매매가 어려운 것은 높은 가격으로 쫓아가는 것이기 때문에 자칫 정해진 가격에 손절매하지 못하면 큰 손실을 봐야 할 때가 있다는 점입니다.

기전업 그래서 상한가에 쫓아갔다가 상한가가 풀려서 4~5% 정도 하락하게 되면 손절매하는 것을 원칙으로 삼았습니다. 그러나 같은 종목에서 4~5% 손절매를 2번 정도 하게 되면 상한가에 또 쫓아 들어가기가 쉽지 않습니다. 그러다 정말 좋은 기회를 놓친 적도 여러 번 있었습니다. 그러면 '차라리 손절매하지 않고 기다렸다면 정말 좋은 기회가 있었을 텐데'라는 진한 아쉬움과 미련이 남을 수밖에 없습니다. 그렇게 손절매에 대한 부정적인 이미지가 각인되면 그 후부터는 손절매하는 것을 주저할 수밖에 없습니다.

최고수 칭찬받은 기억보다는 혼나거나 무시당한 기억이, 성공한 기쁨보다는 실패했을 때의 고통이나 좌절감이 더 오래 남습니다. 마찬가지로 수익을 낸 기억보다는 손실이나 큰 수익 기회를 놓친 기억이 더 강하게 각인되기 마련입니다. 따라서 손절매를 해서 좋았던 기억보다는 '쓸데없이(?)' 손절매해서 본전에 정리하지 못했거나 오히려 큰 수익을 놓쳤던 기억이 오래 남습니다. 그러다 보니 손절매를 하는 것이 어려워지는 것은 어쩌면 당연합니다.

주단타 그럼 이렇게 미련을 두고 과거의 상황에 집착하게 되면 어떻게 해야 합니까?

최고수 그럼에도 불구하고 손절매 원칙을 지킬 수 있는 자신만의 방법을 마련해야 합니다. 매매는 확률 게임입니다. 조금 더 객관적으로 확률이 높은 상황에 베팅하는 것입니다.
미련은 과거의 경험이나 좋지 않았던 기억 때문에 확률이 높지 않은 곳에 감정적으로 베팅하게 만듭니다. 흥분되고 비이성적인 마음이 객관적이고 이성적인 마음으로 돌아오기 위해서는 시간이 필요합니다.
기전업 님이 말씀하셨던 대로 손절매할 시점에서 손절매했는데 다시 반등하기를 거듭하면 그 날은 매매를 접거나 최소 그 종목은 내 종목이 아니라는 생각으로 매매를 하지 말아야 합니다. 또는 차분한 마음으로 매매에 집중할 수 있을 때까지 산책 등의 방법으로 시간적 여유를 둘 필요가 있습니다. 저 역시 그런 상황이 오면 모니터를 끄고 무조건 휴식을 취합니다.

자존심을 버리고 냉정하게

주식시장에서는 자존심을 내세우지 않는다

주단타 그렇게 시간적 여유를 가져도 영 분이 삭혀지지 않을 때가 있습니다. 그럴 때는 어떻게 해야 합니까?

최고수 분이 쉽게 가라앉지 않는 이유는 내게만 그런 상황이 생기는 것 같은 억울함과 내가 시장에 지고 있다는 사실을 인정하고 싶지 않기 때문입니다.

나왕년 비록 상고 출신이지만 사정이 있어 대학을 못 갔을 뿐 머리는 좋습니다. 우수한 성적으로 졸업해서 수재들만 갈 수 있다는 증권사에 취직할 수 있었습니다. IMF 직후 코스닥 열풍이 불고 증권사마다 성과급 제도가 획기적으로 바뀌면서 젊은 나이에 억대 연봉으로 승승장구하기도 했습니다. 비록 2008년 외환위기 때 잘못된 종목 선정으로 큰 손실을 보긴 했지만 제가 부족해서 손실이 발생했다고 생각하지 않습니다. 지금도 한때의 트라우마로 고전하고 있을 뿐 그냥 운이 좀 나쁠 뿐이고 기회가 오지 않았을 뿐이라고 생각합니다.

최고수 나왕년 님이 말씀하셨던 대로 예나 지금이나 증권사에 취직하는 것은 쉽지 않습니다. 그중에서도 꽃 중의 꽃이라 할 수 있는 트레이딩(펀드매니저) 부서에 가는 것은 더욱더 쉽지 않습니다. 최근에는 외국 유학까지 한 고스펙을 갖춘 청년들도 지원하고 있어 트레이딩 부서에 들어가는 것은 더욱더 어려워졌습니다. 그러나 그런 친구들이 좋은 성과를 내는 트레이더로 성장하는 확률은 채 30%를 넘지 못합니다. 과거 터틀 트레이딩으로 신입 직원을 대거 뽑아 매매를 가르쳤을 때는 1년 이상 생존하는 경우가 5%도 되지 않을 정도였습니다.

머리도 똑똑하고 아는 것도 많은 그들이 금융시장에서 살아남지 못하는 이유는 여러 가지가 있겠지만 가장 큰 이유는 스스로 잘나고 특별하다고 생각하기 때문입니다. 그래서 본인들이 시장에 지고 있다는 사실을 받아들이지 못합니다. 그러다 보니 자신이 베팅한 주식이 하락하게 되면 자신이 잘못된 것이 아니라 시장이 잘못됐다고 생각해서 손절매를 미루고 오히려 낮은 단가에 추가 베팅해서 평균 매수 단가를 낮추려고 합니다. 그렇게 물타기를 하다 결국 손실 한도를 넘겨 거래 정지가 되고 퇴출까지 됩니다.

산전수 유연한 베팅을 가로막는 가장 큰 적은 시장이 틀리고 내가 옳다는 불필요한 자존심 때문이라는 말인가요?

최고수 여의도 트레이딩룸에 있으면 자신이 대단한 사람인 것처럼 느껴질 수도 있습니다. 그러나 외국 유수의 헤지펀드나 사모펀드의 펀드매니저에 비하면 정말 하찮고 보잘것없는 조막손에 지나지 않습니다. 하물며 개인투자자들은 더욱더 열악한 환경에 놓여 있습니다. 겸손하지 못하면 시장에서 살아남기 어렵습니다.

자사주 저 역시 학창시절 공부도 꽤 잘했고 지금 회사에서도 인정을 받고 있습니다. 그런데 왜 주식투자에서는 번번이 수익이 안 나는지 답답하고 화가 날 때가 많습니다.

최고수 한 분야에 성공했다고 다른 분야에서의 성공이 보장되는 것은 아닙니다. 특히 그 다른 분야가 금융시장이라면 더욱더 그렇습니다. 오히려 한 분야에서의 성공으로 인한 자만심과 지나친 낙관으로 금융시장에서 큰 손실을 볼 가능성이 더욱 높습니다. 미국에서 좋은 성적을 거둔 운동선수 10명 중 6명은 은퇴 후 파산한다고 합니다. 깊이 음미해 볼 대목입니다(이즈미 마사토, 『부자의 그릇』, 다산3.0).

주단타 일반투자자들이 손절매를 못 하는 가장 큰 이유를 고집과 미련, 자존심으로 정리해주셨네요. 추가로 개인투자자들이 지켜야 할 매매원칙에는 어떤 항목들이 있습니까?

스스로 결정하고 판단하라

스스로 판단하고 결정해서 매매한다

최고수   이 자리에 주단타 군도 있지만, 청년실업률이 큰 사회적 문제로 대두될 만큼 심각해지고 있습니다. 일을 하고 싶어도 취직을 하지 못하거나 30살이 넘었는데 여전히 부모님께 의존하며 경제적으로, 사회적으로 자립하지 못하는 젊은이들이 많습니다. 과거에는 단순히 청년들 각자의 문제로 치부되던 문제들이 이제는 사회 구조적인 문제로 재해석되고 있습니다. 그러나 금융시장에서는 스스로 자립할 수 있고 자립해야 함에도 여전히 어린아이처럼 자립하지 못하는 미성장 투자자들이 너무나도 많습니다.

강초보   저같이 정보력도 없고 금융시장 전반에 대한 지식이 부족한 투자자들은 아무래도 전문가들에게 의존할 수밖에 없는 거 아닙니까?

최고수 전문가들의 의견은 '참고'할 필요가 있습니다. 다만 자신의 현실을 인정한다면 직접투자보다는 펀드 등의 간접투자를 하는 것이 맞습니다. 직접투자는 우리 돈을 대신 운용해주는 소위 전문가라 불리는 펀드매니저들과 수익률 게임을 하는 것과 같습니다. 그들을 상대로 우리가 돈을 벌어야 한다는 말이죠. 그들과 싸워서 이기기 위해서는 우리도 그들과 같은 전문가가 되어야 합니다. 그러기 위해서는 스스로 자립해서 자신만의 전략과 필살기를 갖추는 방법밖에 없습니다.

강초보 정보와 자금력 측면만 보더라도 펀드매니저를 상대하는 것은 버겁지 않습니까?

최고수 과거와는 다르게 증권사 HTS 접속만으로 대부분의 금융정보를 실시간으로 받아볼 수 있습니다. 오히려 정보의 남용으로 정보의 옥석을 가리는 능력이 점점 중요해지고 있습니다. 물론 고가의 정보 단말기를 통해 정보를 받아보는 이들과 비교해서 조금 늦게 정보를 접할 수도 있습니다. 하지만 초단타매매가 아닌 이상 대세에 큰 차이는 없습니다.
자금력의 차이도 수익률에 직접적인 영향을 미치지 못합니다. 오히려 소액의 운용은 진입도 발 빠르게 할 수 있고 손절매도 큰 무리 없이 할 수 있다는 측면에서 자금 운용에 탄력성이 있습니다.

산전수 주변에 전문가라고 자칭하는 분들은 많지만 실제로 장기간 괜찮은 수익을 내는 고수들은 거의 없습니다. 주식시장에서 직접투자로 돈을 버는 것은 그만큼 정말 어려운 일 같습니다. 그러다 보니 혹시나 하는 마음으로 썩은 동아줄이라도 붙잡고 싶은 심정이 되는 것은 어쩔 수 없습니다.

최고수 어른이 되기 위해서는 누구나 사춘기나 성장통을 겪습니다. 자립하는 과정이 쉬울 리는 없습니다. 그러나 자립하는 과정을 통해서 자신의 투자 성향과 장단점을 제대로 파악할 수 있습니다. 또한, 자신의 판단과 결정에 의한 수익과 손실 경험은 소중한 축적물이 되고 자신만의 전략을 개발하기 위한 단초를 제공해 줄 수 있습니다.

온실 속의 화초로는 좋은 과실을 맺을 수 없습니다. 또한, 개인들의 투자금을 호시탐탐 노리는 정글과 같은 주식시장에서 온실 속의 화초로 머물 수도 없습니다.

투자 책임은 자신에게 있다

수익과 손실을 모두 내 탓으로

강초보 자립의 중요성을 알고는 있지만, 막상 실천하려니 두려움이 앞
       섭니다.

최고수 마음에 짐을 덜어 드려야 할 텐데 오히려 짐을 하나 더 얹어야
       할 것 같습니다. 바람직한 매매원칙 설립의 오른쪽 축이 자립
       심이었다면 왼쪽 축은 책임감이라 할 수 있습니다. 책임감이란
       한 마디로 남 탓을 하지 않는 겁니다. 수익과 손실을 모두 내 탓
       으로, 즉 모든 결과를 자신이 책임지는 것을 말합니다.

나왕년 제 고객 중에 손실을 자신의 탓으로 돌리는 투자자들은 거의
       없습니다. A주식을 매수한 후 상승하게 되면 누구의 강력한 추
       천으로 샀든, 모 증권사의 추천 종목을 참고해서 샀든 수익을
       낸 것은 전적으로 자신의 실력 때문임을 강조하기 바쁩니다.
       그러나 A종목을 매수했는데 손실이 발생하면 강력하게 추천했

던 모 추천인 혹은 증권사 전문가를 탓하고 자신의 분석으로 혼자 결정해서 매수한 종목이라도 시장을 탓하거나 다른 악재들을 탓합니다. 혹여 제가 추천하거나 그 종목에 대해 좋은 의견을 냈는데 하락하게 되면 그 손실은 전적으로 제가 책임져야만 했죠. 갖은 원망을 다 받아야 했고 향후 어떻게 해야 할지 모범정답을 만들어 내야 했습니다.

기전업 저희 장모님은 참으로 좋으신 분입니다. 결혼 초기에 종종 주식 종목을 물어보셨고 잘 보이고 싶은 마음에 적극적으로 추천했습니다. 단기매매로 주식투자를 하시기에 삼성전자를 장기간 보유할 것을 강력히 추천했습니다. 그 당시 가격이 3~4만 원대였고 지금까지 보유하고 있을 가능성은 거의 없지만 그래도 좋은 가격에 팔고 나올 수는 있었을 겁니다. 사자마자 삼성전자가 밀리기 시작했고 10% 넘게 밀리기 시작하자 본격적으로 닦달(!)하기 시작했습니다. 괜찮은 종목이었기 때문에 조금 더 버텨보자고 했고 다행히 반등하며 플러스로 전환했습니다.

그러나 큰 금액을 투자해서인지 심적으로 버티지 못하고 5% 수익에 팔고 나왔습니다. 그 이후로는 장모님이 주식 종목을 물어봐도 얼버무리거나 요즘 주식이 어렵다는 말만 합니다. 사람이 문제가 아니라 돈의 속성이 어쩔 수 없다는 생각이 들었습니다. 그렇게 좋으신 분도 손실이 발생하니 어려울 수 있는 사위를 닦달하는 것을 보고 '주식은 아무에게나 추천해서는 안 되는구나!'라는 좋은 교훈을 얻었습니다.

나왕년 장모님이 좋은 교훈을 주셨네요. 대부분의 투자자들이 돈을 벌면 내가 잘해서 번 것이고 손실이 발생하면 남 탓을 하는 것 같습니다. 아무래도 그래야 내가 못나고 바보 같다는 사실을 인정하지 않아도 될 것이고 내 마음도 편해질 테니까요.

최고수 피해서 피할 수만 있다면 피하는 것이 정답이겠죠. 그러나 주식시장은 그렇게 피한다고 계속 피할 수 있는 것도 아니고 내 마음이 편하려고 남 탓을 하기 시작하면 매매 실력도 향상될 수 없습니다.

파생상품을 매매하다 보면 호가 잔량을 가지고 장난치는 세력도 있고 갑자기 10틱을 후루룩 긁어 큰 손실을 보는 경우도 있습니다. 시장이 급변해서 큰 손실을 보고 있다가 나중에 그 이유를 알고 눈물을 머금고 손절매를 할 때가 많습니다. 가끔은 자금력으로 장난을 치는 세력이 꼴도 보기 싫고 정보를 먼저 받아보고 시장을 흔드는 세력을 원망하고 싶은 마음이 들기도 합니다. 하지만 그렇게 손실의 이유를 내가 아닌 다른 곳에서 찾게 되면 비슷한 상황이 발생했을 때 똑같이 욕만 하다가 큰 손실을 반복할 것을 알고 있습니다. 그래서 이유야 어찌 되었건, 모든 손실을 저의 책임으로 돌립니다. 그리고 호가 잔량을 가지고 장난칠 때 혹은 갑자기 시장이 급변하게 될 때 대응 방안을 생각합니다. 이제는 시장이 급변해서 손실이 발생하면 기계적으로 손절매하고 반대 방향으로 베팅합니다.

그렇게 누군가를 탓할 시간에 똑같은 상황에서 대처할 방안을 고민하고 연구하는 데 집중합니다. 손실이 발생하는 것은 내 실력이 부족하기 때문입니다. 결국, 실력을 키우기 위해서는 모든 결과를 내 탓으로 돌려야 합니다.

있는 그대로 시장을 인정하라

강초보   확신을 가지고 베팅했는데 손절매를 하고 거기에 반대 방향으로 베팅하는 것은 더욱더 어려운 것 같습니다.

최고수   원칙대로 손절하는 것도 어려운 데 시장이 변한다고 반대 방향으로 베팅하는 투자자가 있다면 정말 고수 중의 고수입니다. 바람직한 매매원칙의 일곱 번째 항목이 바로 유연성입니다. 그러나 위의 경우는 파생상품시장의 극단적인 예를 언급한 것입니다. 주식시장에서 유연성이라 함은 있는 그대로 시장을 보고 그에 따라 결대로 베팅하는 것입니다. 내가 보고 싶은 것만 보고 믿고 싶은 것만 믿는 것이 아니라 시장이 말하는 것을 그대로 인정하고 그에 따라 베팅을 하는 것이죠.

백치미   주식투자에 있어 유연성은 어떤 것을 말하는지 구체적으로 설명해주시죠?

최고수 종목 선정과 전략에 있어 유연성을 말합니다. 보유 종목의 업종이 경기 흐름을 타는 업종이 아니라면 상관없습니다. 하지만 경기에 민감하게 움직이는 종목이라면 큰 수익을 안겨다 준 주식이라 하더라도 과감히 차익을 실현하고 나올 필요가 있습니다.

2008년 외환위기 이후 전 세계적으로 경기회복세에 접어들며 일명 차화정(자동차, 화학, 정유주)으로 대표되는 경기민감주가 급등세를 보였습니다.

차화정의 대장주라 할 수 있는 현대자동차(차트 참고)는 4만 원대에서 27만 원 이상으로 올랐고 LG화학(차트 참고)은 5만 원대에서 58만 원 이상으로 올랐으며 SK이노베이션(차트 참고)은 4만 원대에서 25만 원 이상으로 올랐습니다. 그러나 지금은 (2016년 초) 현대차는 14~15만 원대, LG화학은 33만 원대, SK이노베이션은 13만 원대입니다. 매수 가격대에 따라 이 종목들을 잘 팔고 나오지 않았다면 오히려 손실포지션일 수 있습니다. 제 지인 중 한 분이 2009년 초에 현대중공업(차트 참고)을 20만 원을 주고 매수했습니다. 세계적인 경기 상승세에 힘입어 2011년 55만 원을 상회하기도 했습니다. 그때 고점에 팔지 못한 아쉬움이 강했는지 혹은 청산 원칙이 없어서인지 결국 밀릴 때 팔지 못하고 10만 원이 붕괴된 지금까지 들고 있습니다.

백치미 제가 다 아쉽네요. 주식은 중장기투자를 해야 한다고 했는데 마냥 오래 들고 간다고 좋은 것만은 아니네요. 그렇다고 유행 따라 수시로 샀다 팔았다 하는 매매도 지양해야 할 매매라고 알고 있는데요.

최고수 그것이 유연성입니다. 어떤 종목은 3~4년 이상 장기투자를 해야 하고 어떤 종목은 6개월이나 1~2년 내로 정리해야 할 필요도 있습니다. 어떤 종목은 빨리 손절매를 해야 하고 어떤 종목은 조금 더 기다려볼 필요도 있습니다. 어떤 종목은 목표가격에서 정리하고 나와야 할 때도 있고 어떤 종목은 조금 더 보유할 필요도 있습니다.

그 종목이 경기에 민감하게 움직이는 주식이냐, 향후 성장이 기대되는 업종이냐, 매출과 순이익이 상승할 수 있는 종목이냐, 경기를 타지 않고 꾸준히 독점할 수 있는 기업이냐 등등의 여러 변수를 따져봐서 유연하게 대응해야 합니다.

●● *시장을 인정하는 것이 유연성이다.*
보고 싶은 것만 보고 듣고 싶은 것만 듣지 말자.

▶ 현대차 차트

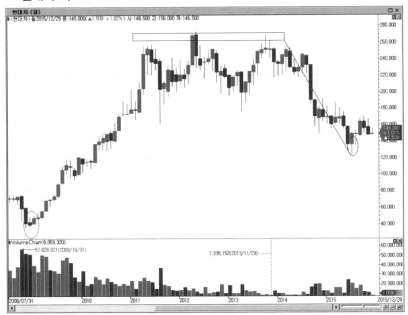

▶ LG화학 차트

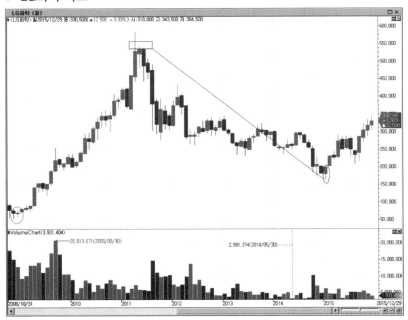

▶ SK이노베이션 차트

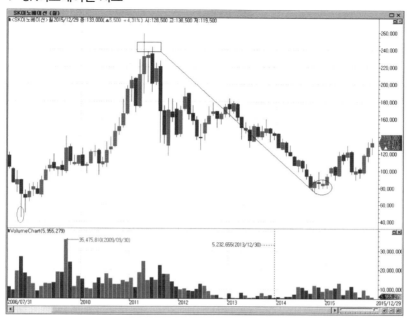

▶ 현대중공업 차트

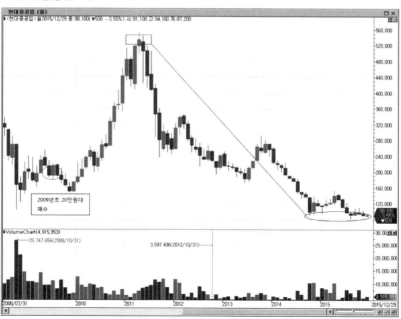

목표수익까지
흔들림 없이 기다린다

기전업   현대 중공업의 예와 같이 적절한 시기에 차익을 실현하지 않아 오히려 큰 낭패를 본 경우를 말씀하셨는데요. 대부분의 개인투 자자는 오히려 더 기다리고 버텨야 할 때 10~30%의 작은 수익 에 만족하고 나와서 정말 큰 수익을 내지 못하는 경우가 일반 적이지 않습니까?

최고수   3~4배까지 올랐는데 팔고 나오지 않아 오히려 손실을 봤다는 이야기보다는 팔고 났더니 3~4배 급등했다는 안타까운 이야 기를 주로 듣습니다. 팔기 전까지는 수익이 아니기 때문에 작 은 수익이라도 챙기고 싶은 유혹을 떨쳐 버리기 어렵습니다. 또 는 고가에 매도 후 저가에 매수하려는 실탄 확보 차원으로 접 근합니다. 그러나 팔고 나면 저가에 다시 사지 못하는 경우가 대부분입니다.

산전수   시장과 종목의 움직임을 보고 있자면 도저히 매매를 안 하고 가만히 있기 힘듭니다.

최고수   매일 같이 시장에는 수많은 호재나 악재가 쏟아집니다. 미국, 중국 등의 대외 악재나 국내 경기 관련 대내 악재가 쏟아져 증시가 급락하게 되면 팔고 싶은 유혹을 떨쳐 버리기 어렵습니다. 그러나 시장의 악재를 몸의 바이러스라고 비유해봅시다. 바이러스는 몸을 아프게도 하지만 큰 병으로 이어지지 않는다면 몸의 내성을 길러줍니다. 주식시장의 악재도 마찬가지입니다. 악재로 인해 추세 자체가 바뀌지 않는다면 악재도 오히려 주식의 체력을 길러줍니다. 시장에 일희일비해서는 목표가격까지 기다릴 수 없습니다.

백치미   청산은 정말 어려운 것 같아요. 팔면 더 오를 것 같아 망설여지고 가만히 두면 다시 매수 가격까지 밀릴 것 같아 불안합니다. 그러나 실제로 팔면 더 오르고 가만히 두면 급락하니 어떻게 매매를 해야 할지 모르겠어요.

최고수   그래서 자신만의 원칙과 전략을 수립해서 매매를 해야 합니다. 진입 후 미리 정한 손절가격이 오면 무조건 손절을 합니다. 상승 시에는 다시 본전이 와도 어쩔 수 없다는 마음으로 기다립니다. 그 전에 팔고 나오지 않으려면 주봉이나 월봉을 보고 기다리는 것도 하나의 대안이 될 수 있습니다. 목표가격까지 상승할 경우에는 감사한 마음으로 정리합니다. 그 이상으로 급등하면 내 몫이 아니라고 생각해야 합니다.

기전업 청산의 기다림에 대해서만 말씀하셨는데 진입의 기다림도 중요하지 않습니까?

최고수 주식은 타이밍입니다. 최소 진입만 잘해도 손실의 위험은 크지 않습니다. 반대로 아무리 좋은 주식이라도 진입을 잘하지 못하면 오히려 손절하고 나올 수도 있습니다. 진입의 기다림도 당연히 중요합니다.

기전업 장기투자 종목으로 유니더스(차트 참고)를 보유 중입니다. 3천원 초반대에 매수했고 목표가격은 9천 원으로 설정해 놨습니다. 저가 콘돔과의 경쟁 심화가 부담스럽긴 하지만 경기침체가 장기화되고 성에 대한 관심이 증가하며 지속적인 매출 상승이 기대되기 때문입니다.
2015년 6월에 중국 콘돔 수요 급증 소식에 6천 원을 상향 돌파한 적이 있습니다. 그때 추격매수 했다면 실적 부진 등의 이유로 8월에 2천5백 원 초반까지 급락했을 때 손절하고 나왔을지 모릅니다.

최고수 진입의 기다림에 대해 좋은 예를 말씀해주셨습니다. 적절한 타이밍에 매수한 후 목표가격에 차익을 실현하고 나오는 데 필요한 제1의 덕목이 기다림입니다. 기다림에는 어느 정도 실력이 갖춰지기 전까지 기다리는 기다림, 자신의 전략과 시나리오에 맞는 종목을 발굴할 때까지 기다리는 기다림, 자신이 생각하는 최적의 상황이 오기 전까지 매매를 삼가고 기다리는 기다림 등 모든 기다림을 포함합니다.

●●● 진입 후에는 손절가격과 목표가격에만 집중한다.
일희일비하지 않으려면 일봉이 아닌
주봉이나 월봉을 참고하는 것이 좋다.

지금까지 매매원칙의 8개 항목에 대해 살펴봤습니다. 개인투자자들의 상당수가 정보가 부족하고 돈을 벌 수 있는 고급 전략을 알지 못해 수익을 내지 못한다고 생각합니다. 그러나 그 이전에 더 중요한 것은 확고한 매매원칙의 수립과 자신만의 매매전략입니다.

큰 수익도 결국 작은 수익이 쌓여 만들어집니다. 고수의 길도 작은 매매원칙과 소소한 전략들이 모여 완성되는 것입니다. 이번 수업을 통해서 자신만의 매매원칙을 재점검할 수 있었다면 그것으로 충분합니다. 다음 시간에는 매매자세와 관련된 8개 항목에 대해 살펴보겠습니다.

▶ 유니더스 차트

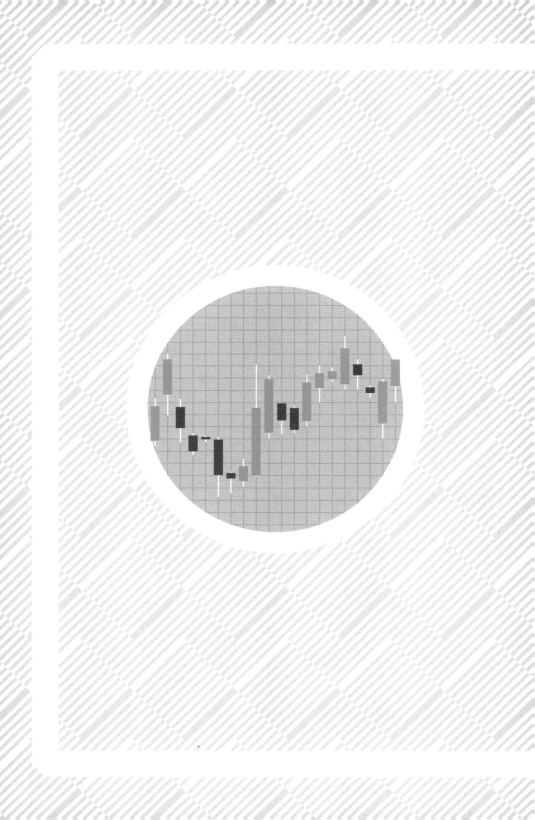

제 **3** 장

매매자세

최고수   지난주에는 매매원칙의 핵심인 손절매와 매매원칙 수립의 양
대 축인 자립심과 책임감 등에 대해 이야기했습니다. 이번 시간
에는 매매자세에 대해 살펴보도록 하겠습니다. 다만 지난주 수
업했던 매매원칙과 이번 주 강의 주제인 매매자세의 구분은 명
확하지 않습니다.
매매자세도 매매원칙의 큰 테두리 안에 포함되기 때문입니다.
따라서 둘의 구분은 형식적인 구분일 뿐 내용적인 차이는 없음
을 미리 말해두겠습니다.

수익은 시간과 열정의 정비례

내 모든 시간과 열정을 주식시장에 쏟아 붓는다

최고수 주식시장에서 갖춰야 할 매매자세는 인생에서 성공하기 위해 갖춰야 할 자세와 많은 부분 일치합니다. 이곳에 모인 분들은 자발적으로 수업에 참여한 만큼 그 열정은 남다를 것입니다. 맨 먼저 여러분에게 묻고 싶은 것은 바로 "성공하는 매매를 위해서 본인의 시간과 열정을 얼마나 쏟아 붓고 계십니까?" 입니다.

강초보 주식투자를 제대로 하고 싶은데 어떤 식으로 공부를 하고 어떤 노력을 해야 할지 모르겠습니다. 어떤 분은 차트를 열심히 공부해야 한다고 하고, 어떤 분은 재무제표를 공부해야 한다고 하고, 어떤 분은 신문을 보면서 전체 경제 흐름을 읽을 줄 알아야 한다고 합니다. 결국, 주식은 그 회사에 투자하는 것이기 때문에 향후 실적향상이 기대되는 업종과 종목을 발굴해야 한다고 말하는 분도 있습니다. 물론 초보자가 보는 주식 관련

책을 읽으면서 차근차근 하나씩 공부하라는 분도 있습니다. 그런데 막상 시작하려니 어디서부터 어떻게 시작해야 할지 모르겠습니다.

산전수 제 주변 주식투자자들을 보면 어떤 분은 차티스트처럼 차트만 가지고 종목을 선정해서 베팅하기도 하고 어떤 분은 실적대비 저평가된 종목만을 선정해서 매매하기도 합니다. 물론 모든 것을 고루고루 참고해서 매매하는 분도 있고요.
한때 저도 저평가된 종목을 찾기 위해 공부도 하고 전략을 짜던 시절이 있었습니다. 그런데 그렇게 시간을 쏟아 봐야 돈을 버는 것도 아니었습니다. 그 후부터는 주변에서 추천해주는 종목들 위주로 투자합니다.

최고수 저 역시 매매 초보 시절에는 강초보 군과 같이 어디서부터 공부를 해야 할지 갈피를 못 잡을 때가 있었습니다. 이것저것 닥치는 대로 다 알려고 했고 모르는 전략이 없어야 한다고 생각했습니다. 그래서 강초보 군이 언급한 내용들을 숙지하려고 노력했고, 이 매매 저 매매 다 따라 해보기도 했습니다. 그러다 어느 순간 어떤 식으로 공부를 하고 어떻게 투자해야 할지 알게 되었습니다. 바로 그 접근법을 아는 것 자체가 성공적인 투자자가 되기 위한 첫걸음입니다. 결국은 그런 과정을 통해서 자신만의 특화된 전략을 갖게 되니까 말이죠.
강초보 군은 본인이 언급한 내용들을 모두 숙지할 수 있도록 해야 합니다. 소액으로 투자하며 나만의 전략을 찾는 데 주력해야 합니다. 그렇게 쏟아 부은 열정과 시행착오의 시간들이 성공적인 투자를 위한 밑거름이 될 것입니다. 산전수 님은 마지막 고비를 넘어서지 못한 것 같습니다. '한때' 공부하고 노력해서 '쉽게' 돈을 벌 수 있다면 주식시장에서 90% 이상이 돈을 벌었겠죠.

나왕년 저는 선호하는 차트 중에서 감이 오는 종목 위주로 베팅을 합니다. 그러나 온종일 모니터를 보고 고객들을 상대하다 보면 장마감하기가 무섭게 피곤이 몰려옵니다. 그래서 심도 있게 종목을 연구하고 공부하기가 쉽지 않습니다.

기전업 파생상품을 집중해서 매매한 날에는 장마감 후 탈진할 정도로 힘들 때가 있습니다. 그러나 다른 것은 몰라도 당일 시장 상황과 매매에 대한 복기는 집중해서 꼭 합니다. 그래야 최소 내일 금융시장에 제대로 대응할 수 있기 때문입니다.

최고수 "매일 얼마의 시간을 투자해서 얼마의 노력을 하고 있는가?" 스스로 자문해 봐야 합니다. 최소 당일 매매는 복기해야 하고 관심 종목들의 움직임과 주식 관련 뉴스들도 살펴봐야 합니다. 그래야 새로운 종목도 발굴할 수 있고 장기적인 전략을 세울 수도 있습니다.

나왕년 사수로 모셨던 분은 지금까지도 장마감하고 6~7시까지 종목 연구 등에 시간을 투자합니다.
이미 30년 동안 주식투자를 해오면서 어떤 식으로 연구하고 분석해야 하는지 알고 있을 겁니다. 따라서 누구보다도 단축적으로 종목 연구를 할 수 있음에도 하루에 2~3시간은 주식 공부에 매진합니다. 주식시장에서 성공하려면 그 정도의 열정은 있어야겠죠.

최고수 열정은 발레리나 강 수지의 발이나 박지성 선수의 발을 볼 때만 간헐적으로 솟구치는 한 때의 뜨거움이어서는 안 됩니다. 매일같이 새롭고 뜨겁게 쏟아 부을 수 있는 습관이 되어야 합니다.

●● *요행을 바라지 마라.*
수익은 쏟아 부은 시간과 에너지에 비례한다.

백치미 주식투자로 돈 좀 벌고 싶은데, 몸이 따라주지 않습니다.

최고수 열정이 없는 투자자는 어쩌면 돈을 벌겠다거나 최고가 되겠다는 절실함이 부족하기 때문입니다.
'어떻게든 금융시장에서 돈을 벌어야 하는데…'라며 발만 동동 구르는 것은 진정한 절실함이라고 보기 어렵죠. 이것은 마치 1등은 하고 싶은데 책상에 앉아서 잠만 자거나 '공부해야지, 공부해야지.' 생각만 하고 공부를 하지 않는 것과 같습니다.

백치미 열정과 절실함은 같은 말 아닌가요?

나왕년 보는 시각에 따라 다른 개념일 수 있을 것 같은데요. 초년 시절에 멘토처럼 따르던 부장님이 있었습니다. 주식 공부에 정말 열정적인 분이셨는데 주식시장에서 성적은 좋지 못했습니다. 지금 생각해 보면 돈을 벌겠다는 절실함이 부족했고 손절매를 제때에 하지 못했기 때문에 성적이 좋지 못했던 것 같습니다. 즉 자신이 옳다고 믿는 것은 하늘이 두 쪽 나도 바꾸지 않는 너무나 완고한 분이셨습니다. 그래서 매매에서 가장 중요한 손절매를 하지 않았습니다. 또한, 부모님으로부터 물려받은 땅과 건물이 제법 있어서 그 임대료만으로 충분히 생활할 수 있었습니다. 그래서 돈을 벌어야겠다는 절실함이 부족했습니다.

최고수 주식투자가 주업이 아닌 부업인 경우 상대적으로 절실함이 부족할 수 있습니다. 조금 벌었다고 일찍 샴페인을 터트리거나 터졌다고 속상해서 술로 잊으려는 부업 투자자들도 많습니다. 반면, 투자가 주업인 분들은 마음 자세부터가 다를 수밖에 없습니다. 그렇죠, 기전업 님?

기전업 가끔은 매달 꼬박꼬박 월급을 받는 친구들이 부러울 때가 있습니다. 그 친구들이 가끔 괜찮은 주식을 추천해 달라고 합니다. 한 달에 1~2백이라도 벌어서 생활비에 보태고 싶다는 말을 덧붙이면서 말이죠. 그때 제가 냉정하게 한마디 합니다.
'난 이른 아침에 일어나 미국 시장을 확인하고 전략을 짠다. 장이 시작되면 가끔은 점심 먹을 짬도 없이 시장에 집중한다. 그리고 장마감하면 복기하고 당일 시장을 정리하고 다음 날 매매 전략을 짠다. 그러다 보면 6시가 훌쩍 넘어 마무리된다. 마무리되었다고 일과가 끝난 것은 아니다. 포지션이 있기 때문에 미국 시장이 궁금하고 걱정돼 잠을 제대로 이루지 못하거나 새벽에 깰 때도 있다. 그렇게 해야 대기업 부장급인 너희들보다 조금 더 번다.

너희들도 회사에서는 열심히 일하겠지. 아침 일찍 출근해서 퇴근 전까지 하루에 10~12시간은 회사에서 보내는 것으로 안다. 그렇게 해서 너희들이 받는 월급은 대략 6~7백만 원 수준일 거다. 그런데 나한테 종목 하나 추천받아서 아무 노력 없이 매월 1~2백만 원을 벌겠다는 것은 도둑놈 심보 아니냐? 최소 너희가 월 1~2백만 원을 벌기 위해서는 단순 계산해서 2~3시간은 주식시장에 투자해야 하는 거 아니냐?'

절실함이라고는 눈곱만큼도 없는 그런 안일한 마음으로 돈도 못 벌겠지만 버는 것도 공평하지 않다고 생각합니다.

●●● *주식투자는 취미나 용돈 벌이 삼아 하는 것이 아니다.*
절실해야 돈을 벌 수 있다.

살아남기 위한 자기 절제

자사주 종일 회사에서 힘들게 일하고 퇴근해서 주식 공부까지 하면 자기 생활은 전혀 없을 것 같은데요.

최고수 아무래도 그렇겠죠. 그러나 주식시장에서 살아남기 위해서는 어느 정도의 자기 절제는 필요하지 않을까요? 자기 절제란 매매를 위해서 일상생활을 단순화하는 것을 말합니다.

기전업 매매를 업으로 하는 트레이더들은 스트레스를 받지 않을 수 없습니다. 수익이 나도 더 수익을 내지 못한 아쉬움이 있고 손실이 발생하면 손실이 발생하는 대로 스트레스를 받습니다. 오르고 내리는 가격에서 '샀어야 했나' '팔았어야 했는데…'라며 긴장과 후회 속에서 엄청난 스트레스를 받습니다. 시원한 사무실에서 편한 의자에 앉아 모니터만 쳐다보며 클릭만 하는데 진땀을 흘리거나 몸이 경직되어 온몸이 쑤시는 직업은 이 직업밖에 없을 것 같습니다.

최고수 스트레스를 안 받을 수는 없기 때문에 스트레스를 관리하는 것이 무엇보다 중요합니다. 운동을 하거나 친구를 만나 수다를 떨거나 시장 이야기를 하며 자연스럽게 스트레스를 푸는 경우가 많습니다. 물론 술로 스트레스를 푸는 투자자들도 있지만, 몸이 상할뿐더러 다음 날 매매에 영향을 주기 때문에 과음은 삼가는 편이 좋습니다.

자사주 돈을 벌어야겠다는 절실함은 인정합니다. 그러나 인생이 컴퓨터와 싸움만 하다가 끝나면 너무 허무하지 않겠습니까? 친구들도 만나고 취미 생활도 즐기고 술도 가끔 거나하게 취해야 인생의 참맛이 있는 거 아닙니까?

최고수 직장인들은 하루 중 가장 많은 시간을 회사에서 보냅니다. 그런 회사 생활을 즐거워하는 직장인들은 많지 않은 것으로 알고 있습니다. 자기 절제를 하며 매매에 집중하는 트레이더들은 대부분 성과가 괜찮습니다. 그런 트레이더들 중 상당수가 매매 자체를 즐기는 경우도 많습니다. 일 자체에서 스릴과 재미를 느낀다면 단순히 돈을 벌기 위해서 일하는 대다수의 사람들보다는 행복하다고 생각합니다.

또한, 그들은 매매를 위해 일상생활의 많은 부분을 포기하지만, 금요일 저녁부터는 온전히 자신만의 여유를 즐깁니다. 경제적으로 여유가 있어 장기간 해외로 여행을 떠나는 트레이더들도 많습니다. 주식으로 많은 돈을 벌었고 지금도 꾸준히 괜찮은 성과를 내고 있는 부티크를 알고 있습니다. 그들은 시장 변동성이 적은 12월은 매매를 접고 해외에서 쉬다 옵니다.

강초보 자기 절제를 하며 일상생활을 단순화하다 보면 조금씩 수익이 괜찮아질 수 있다는 말씀이시죠. 그렇게 수익이 조금씩 좋아지면 매매 자체도 즐거워지고 생활에 여유도 생기겠죠. 그러면 경제적 이유로 누리지 못했던 다양한 즐거움도 누릴 수 있다고 이해됩니다.

●● *자기 절제는 일상을 포기하는 것이 아니다.*
더 새롭고 나은 일상을 즐기기 위한 과정이다.

새로운 전략과
매매기법에 도전

최고수 매매가 어려운 이유는 주식시장에서 살아남을 수 있는 전략을
개발했다고 하더라도 그것이 영원한 것이 아니기 때문입니다.
시장은 한 마리 살아 있는 유기체처럼 끊임없이 움직이고 변화
합니다. 그런 시장을 대상으로 진화되지 않은 전략이 언제까지
나 수익을 보장해 줄 수는 없습니다.

나왕년 저는 차트를 선호합니다. 다양한 차트들로 매매를 했습니다. 한
때는 MACD나 볼린저 밴드가 시장을 잘 맞춘다고 해서 쫓아
했습니다. 거래량이 선행지표로서 주식의 방향성을 미리 알려
준다고 해서 VR을 매매 지표로 활용한 적도 있습니다. 한때
는 일목균형표가 유행해서 쫓아 한 적도 있습니다. 그 당시에
는 그럴듯하게 맞는가 싶다가도 어느 정도 시간이 흐르면 실망
스러운 보조지표로 전락할 때가 많습니다.

최고수 무언가를 새롭게 시도하는 것은 유동적인 주식시장에서는 반드시 필요합니다. 다만 나왕년 님은 두 가지 정도를 간과했습니다. 첫 번째는 어떤 지표든 자신의 성향에 맞게 새로운 전략으로 발전시켜야 합니다. 안다는 것과 내 전략으로 특화한다는 것은 다른 이야기입니다.

두 번째 유행하는 매매기법은 이미 한물간 매매기법일 수 있습니다. 돈을 번다고 소문이 나기 시작하면 이미 절정기를 지났다고 보면 됩니다.

기전업 기본적 분석도 시대의 흐름에 따라 변화하는 것 같습니다. 과거 PER이 대세 지표였다면 지금은 ROE가 가장 중요한 지표가 된 것이 그 대표적인 예입니다. 또한, 테마주의 성격이 있긴 하지만 바이오주의 돌풍이 말해 주듯 현재의 실적보다는 향후 성장성과 기대 수익에 더 초점을 맞추는 듯싶습니다.

치과의사 사이에서 입소문을 타고 3천 원대에서 2015년 한때 3만5천 원을 호가했던 비상장 바이오 업체 신라젠이 있습니다. 2015년 1/3분기 누적 매출 2억, 순손실 381억 원을 기록했습니다. 한 마디로 앞으로의 기대 수익에만 맞춰진 가격 상승이 아닐까 싶습니다.

최고수 광의의 뜻으로 보면 주식시장을 보는 시야를 새롭게 하는 것도 하나의 도전이라 할 수 있습니다. 즉 과거의 소위 잘나가던 주식과 업종에 집착하지 않고 새롭게 선도해갈 업종과 종목을 찾는 과정이 도전인 셈이죠.

코스피 시가총액의 쌍두마차인 삼성전자와 현대차그룹이 차지하는 비중은 2013년 4월경에 25%를 넘어설 정도로 그 비중과 영향력이 막강했습니다. 그 당시 27만 원을 상회하기도 했던 현대차 주가는 2015년 12만 원 초반대까지 밀리기도 했습니다. 애플, 구글 등이 자동차 사업에 뛰어들고 전기자동차 시장에서도 기대만큼의 선전을 못 하고 있어 앞날은 더욱더 불투명합니다.

삼성전자(차트 참고)는 150만 원대에서 100만 원 초반까지 밀리기도 했으나 현대차보다는 선방하고 있습니다. 하지만 물질만능 지향의 시스템과 맹목적인 애플 따라하기가 언제까지 시장에서 통할지 장담할 수 없습니다. 언젠가 이들을 대체할 선두기업이 나타날 것이고 그 기업들을 찾는 데 주력하는 것이 새로운 도전이 될 수 있습니다.

산전수 인간이기 때문에 변화보다는 안주를, 큰 변화보다는 미세한 조정을 원하는 것인지 모르겠습니다.

최고수 도전이라는 것은 불확실하고 익숙하지 않은 것에서 자신이 원하는 결과를 얻으려는 것입니다. 따라서 주저할 수밖에 없습니다. 혹은 더 안 좋은 결과가 나올 수도 있다는 불안감 때문에 지금의 좋지 않은 성과와 전략에 안주해 버릴 수도 있습니다. 그러나 자신이 원하는 성공적인 투자자로 거듭나기 위해서는 도전과 변화는 필수적입니다.

●● 주식시장은 변한다.

전략도 끊임없이 변화하고 진화해야 한다.

▶ 삼성전자 차트

지고는 못 산다,
받은 만큼 돌려준다

자사주   저는 새로운 것에 도전하는 것을 두려워하지 않습니다. 또한,
지는 것을 무엇보다 싫어합니다. 그래서 뻔히 잘 알고 있다고
생각하는 종목에서 번번이 지는 것이 견디기 힘듭니다.

최고수   중장기적으로 보유했다면 수익이 괜찮았을 텐데요. 추가 수익
을 위해서 단기매매를 했다는 점은 자사주 님이 대단히 적극적
이고 공격적인 성향이라고 생각됩니다. 그러나 추가 수익을 내
기 위해서 그만큼의 시간과 노력을 기울였는지 묻고 싶습니다.

자사주   물론 그러고 싶습니다. 그러나 종일 회사 일에 바쁘고 업무가
마감되어도 일 관련해서 혹은 부서 사람들과의 친목 때문에 술
자리를 피하기 어렵습니다. 그래서 시간을 따로 내서 주식을
공부할 시간이 없습니다.

최고수 승부욕이 강하지만 결과가 좋지 못한 사람들의 공통점은 변명과 핑곗거리를 찾는다는 점입니다. 지고는 못 참는 성격의 소유자라면 어떻게든 이기기 위해 수많은 노력을 합니다. 그러나 이상하게도 주식시장에서는 승부욕이 발동해도 주식시장을 이기기 위해 그만큼의 노력을 기울이는 투자자가 많지 않습니다. 손실이 발생하면 니가 이기나 내가 이기나 보자며 물타기에 물타기를 합니다. 장중에 누구와 거칠게 싸우는 것처럼 욕을 내뱉고 신경질을 부리기 일쑤입니다. 장 끝나면 속상한 마음을 달래기 위해 술을 퍼붓기도 합니다. 그러나 주식시장에서의 승부욕은 종목 발굴과 전략 개발로 분출되어야 합니다. 무의미한 감정폭발과 변명거리 찾기는 본인에게 전혀 도움이 되지 않습니다.

기전업 전업투자자인 제 지인도 지는 것을 무척이나 싫어합니다. 그러나 이렇다 할 수익을 내지 못하자 기존에 알고 지내던 사람들과 연락을 끊고 지냅니다.
투자 종목은 주식 외에도 국채선물에 베팅하고 있습니다. 제가 국채선물에서 왜 수익이 나지 않는지를 묻자 추세가 형성되지 않아서라고 이야기하더군요. 그래서 2~3주 만에 300틱 이상으로 움직이는 것이 추세가 아니냐고 바른 소리를 했다가 서로 언성을 높인 후로는 저와도 사이가 어색해졌습니다.

산전수 지는 것을 견디지 못하는 사람은 바른 소리도 받아들이지 못하고 자신이 시장에 지고 있다는 사실도 인정하지 못하는 것 같습니다.

최고수 승부욕이 왜곡되어 표출되는 전형적인 예가 아닌가 싶습니다. 대책 없는 승부욕은 감정 매매로 왜곡되어 오히려 독이 될 뿐입니다.

●●● 주식시장에서의 승부욕은
종목 발굴과 전략 개발로 분출되어야 한다.

정보는 기다려주지 않는다

뉴스나 재료 등의 변수 노출 시 누구보다도 빨리 대응한다

최고수   그 지인이 어떤 식으로 국채선물을 매매했는지 궁금한데요?

기전업   차트만 보고 중장기적으로 매매합니다. 추세를 예상하고 먼저
베팅하기보다는 상승 후 눌림목에서 베팅하는 유형입니다. 즉
1차 상승파 후 조정 시 매수, 2차 상승파 후 조정 시 매수, 이런
식으로 추세를 확인하고 조정 시 진입을 합니다.

최고수   전형적인 차티스트군요. 기전업 씨는 어떤 식으로 파생상품을
운용합니까?

기전업   코스피 선물 위주로 단기매매에 치중하는 편입니다. 저는 차트
보다는 코스피 선물에 영향을 미치는 뉴스들을 주로 활용합니
다. 예를 들면 종합주가지수에 큰 영향을 미치는 삼성전자, 현
대차 등의 시가총액 관련주 뉴스를 활용합니다. 그런 종목들

의 움직임을 예상하고 먼저 베팅하기도 합니다. 또는 국내 경기지표 및 중국 등 대외 경제지표 발표에 따라 코스피 선물이 많이 연동해서 움직이기 때문에 그 뉴스를 최대한 활용하기도 합니다.

최고수 그런 뉴스들을 활용하기 위해서는 뉴스나 재료 노출 시 누구보다 빠르게 판단하고 주문을 실행하는 순발력이 필요하겠는데요. 물론 순발력은 중장기매매가 아닌 단기매매에 절실히 요구되는 조건이긴 합니다.

기전업 주식투자와 다르게 파생상품은 오래 들고 가지를 못합니다. 성격이 급한 측면도 있지만 급변하는 파생상품시장에서 포지션을 들고서 좀처럼 견디기가 쉽지 않습니다. 그래서 이삼일 기다려 40~50% 수익을 먹느니 차라리 10분 만에 10% 수익을 내는 전략과 매매를 선호합니다.

최고수 수익률은 괜찮습니까?

기전업 나름대로 순발력 있게 매매를 한다고 하지만 늘 시장에 한발 늦습니다. 중요 뉴스 발표 후 상승재료인지 하락재료인지를 판단하는 사이 이미 시장에 한발 늦는 경우가 많습니다. 혹은 빨리 주문을 내도 이미 누군가 몇 호가를 긁고 가서 제 수량은 미체결로 잔류할 때가 많습니다.

최고수 단기매매는 추세를 먹는 매매가 아니고 작은 움직임을 먹는 매매이기 때문에 무엇보다 발 빠른 진입이 중요합니다. 첫 업무가 브로커였기 때문에 빠르게 주문을 수행하는 연습을 매일같이 했습니다. 단순히 고객의 주문을 빠르게 처리하기 위해 연습한 것인데 그것이 나중에 단기매매하는 데 큰 도움이 되었습니다. 뉴스를 본 후 방향을 고민하고 확인하려고 하면 이미 늦습니다. 내가 시장을 움직인다는 생각으로 조금의 망설임도 없이 생각한 방향으로 체결시켜야 합니다.

주단타   주식투자에도 그런 단기매매기법이 필요한가요?

최고수   물론 개별 종목 뉴스 노출 시 신속하게 대응해서 수익을 낸다면 좋겠죠. 그러나 상황에 따라 어떤 종목은 단기매매로, 어떤 종목은 중장기적으로 보유해서 수익을 내고 싶어하는 것은 모든 투자자들의 희망 사항일 뿐입니다. 본인이 단기매매로 꾸준히 괜찮은 성과를 거둔다면 모르겠지만 그렇지 않다면 중장기 주식투자를 권하고 싶습니다.

●●●　순발력은 단기매매에 큰 도움이 된다.
　　　　단, 주식시장이 아닌 파생상품시장에 국한시켜라.

시장의 급변과 다양성

남들과 다른 다양한 시나리오를 구상한다

주단타 혹시 단기투자자나 중장기투자자 모두에게 중요하게 요구되는 매매자세가 있을까요?

최고수 남들과 다르게 생각하는 독창성과 풍부한 상상력이 필요합니다. 뉴스나 어떤 사건을 접한 후 시장 방향이나 종목을 발굴하는 능력입니다. 또는 현실 가능성을 전제로 다양한 시나리오를 짜는 것을 의미합니다.

먼저 여러분 혹은 여러분의 지인 중에 괜찮은 시나리오로 큰 수익을 거둔 사례가 있습니까?

나왕년 노무현 정권이 들어설 때 과연 어떤 종목이 수혜를 입을까 고민했습니다. 노무현 정권도 경제를 활성화하기 위해서 부동산 쪽에 관심을 둘 것으로 생각했습니다. 그렇다면 건설주인데 그 중에서 노무현 대통령이 경상도 출신이기 때문에 경상도에 기반을 둔 건설주가 그 수혜를 입을 거라 예상했습니다. 그렇게 고른 종목이 동원개발입니다. 물론 차트에서 보듯 4차 상승파, 3천 원 언저리에서 보란 듯이 정리하고 나오지는 못했습니다. 그래도 2003년도 250원에 매수해서 2005년도 1천 원에 팔고 나왔으니 단기간에 꽤 괜찮은 수익을 냈습니다. 예전에는 이런 큰 수익을 냈던 시절도 있었죠.

▶ 동원개발 차트

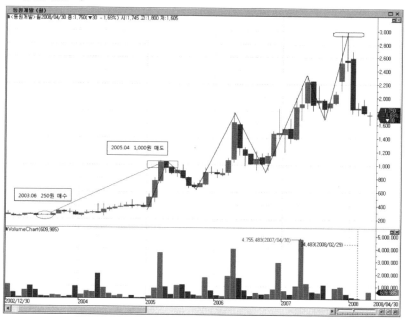

기전업 한전 부지를 현대차가 낙찰받은 뉴스를 보고 바로 한전을 매수했습니다. 예상 낙찰가보다 5조 원 가까이 추가 수익이 생겼

으니 당연히 주식에 반영될 것으로 생각했죠. 이것이 시나리오
라고 말할 수는 없겠지만 그래도 괜찮은 수익을 거뒀습니다.

최고수 물론 한전을 매수한 것은 성공적인 베팅이었습니다. 그러나 저
는 코스피 선물 베팅을 생각했습니다. 종합주가지수에 큰 영향
을 미치는 현대차가 큰 실수를 했다면 분명 코스피 선물이 그
영향에서 벗어날 수 없다고 판단했습니다. 그래서 코스피 선물
을 매도했습니다. 차트에서 보듯 10포인트 이상의 차익을 실현
하고 나왔습니다.

그 당시 대부분의 투자자들이 한전의 수혜만 생각하고 있을 때
현대차의 착오와 종합주가지수에 미치는 영향에 대해 생각했
던 것이 주효했습니다.

▶ 코스피 선물 차트와 현대차 차트 비교

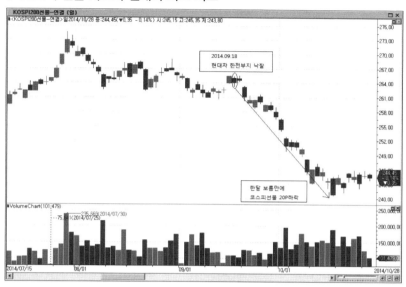

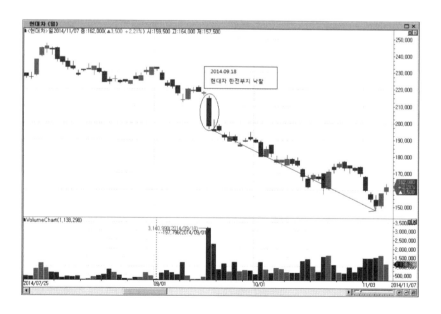

주단타 노령화 심화와 건강에 대한 관심 증대로 언젠가 바이오 관련주가 크게 수혜를 입지 않을까 생각했습니다. 그래서 2012년부터 관심을 가지고 매매를 시작했습니다. 그러나 좀처럼 수익이 나지 않아 모두 정리해 버렸습니다. 아시다시피 2015년 매매했던 종목들이 모두 급등을 했습니다. 다른 사람보다 먼저 고민하고 시나리오를 짜서 베팅한 것인데 아쉬움이 큽니다.

최고수 '타이밍의 승부사'라는 말이 있을 정도로 주식투자에 있어 진입의 타이밍은 무척이나 중요합니다.

지금은 NH투자증권으로 합병되어 그 이름이 사라졌지만, 과거 세종증권이라는 증권회사가 있었습니다. 그 당시 중학교 졸업이 학력의 전부인 명동 사채시장의 큰손 김영진 회장이 동아증권을 인수하면서 탄생했죠. 세종증권은 회장 마인드에 따라 여러 혁신적인 시도를 했습니다. 그중 하나가 인터넷의 도입입니다. 1999년 사이버라는 단어조차 생소할 시기에 과감히 사이버 트레이딩을 내놓으며 공격적으로 마케팅을 했지만 결국 실패로 돌아갔습니다. 지금은 보편화된 사이버 트레이딩이 시대를 너무 앞섰기 때문이죠. 이렇듯 시기를 너무 앞서는 것도 주식투자에 마이너스로 작용할 수도 있습니다. 다만, 한 가지 아쉬운 것은 장기적으로 접근해서 2~3년 이상 보유했으면 좋았을 것이라는 생각이 드네요.

●●● 스토리텔러가 되라.
상상력이 돈이 된다.

투자는 결단력으로 승부

최고수 시나리오를 아무리 잘 짜도 실제로 사고팔지 않으면 소용이 없습니다. 기회라는 판단이 서면 망설임 없이, 주저함 없이 결단력 있게 사고파는 것이 필요합니다.

나왕년 증권사 지점에 근무하면서 개인투자자들에게 가장 아쉬운 부분이 바로 그 점입니다.

보유하고자 하는 종목이 있으면 전략에 맞게 매수하면 됩니다. 그러나 걸쳐 놓은 매수 가격대까지 밀리면 더 싸게 사기 위해 취소를 합니다. 그리고 다시 반등하게 되면 그 밑 호가에 걸쳐 두었다가 체결될 것 같으면 다시 취소합니다. 결국, 그렇게 주문을 넣고 빼고를 반복하다 매수하는 가격은 최고가일 때가 많습니다.

청산 역시 마찬가지입니다. 걸쳐놓은 가격대까지 급등하면 더 높은 가격에 팔기 위해 주문을 취소합니다. 그렇게 주문을 넣었다 취소했다를 반복하다 결국 한참 낮은 가격에 정리하곤 합니다.

기전업 주식투자를 중장기적 전략으로 접근하면 아무래도 1~2%에 연연하는 일은 없을 것 같은데요. 단기적으로 접근하다 보니 조금 더 싸게 사고, 조금 더 비싸게 팔려고 하는 것이 아닐까 싶습니다.

최고수 나왕년 님이 말씀하셨듯이 포지션을 취하고 정리하는 데 유독 조심스러운 분들이 많습니다. 선택의 폭이 넓어질수록 결정이 더 어려워질 수밖에 없죠. 선택·결정장애처럼 살 때와 팔 때 결단력 있게 베팅하지 못하는 투자자들이 많습니다.
주식 종류가 많아지고 다양해지면서 종목 선정이 더 어려워졌습니다. 가격제한폭이 상하 30%로 확대되면서 사고파는 결정도 더 어려워졌습니다.

강초보 헷갈리는 시험 문제는 처음 찍었던 답이 정답인 경우가 많습니다. 그렇듯 오히려 생각이 많고 갈팡질팡하다 보면 더 안 좋은 결과가 연출되는 것과 같네요.

최고수 매매에 최상의 결과는 없습니다. 최저점에 사고 최고점에 팔더라도 조금 더 많은 수량을 사거나 팔지 못했다고 후회하게 됩니다. 매매는 수익을 내도 더 수익을 내지 못해 아쉽고, 터지면 터졌다고 후회하게 됩니다. 어쩌면 매매를 주저하는 것은 당연합니다.

그러나 어차피 이래도 후회, 저래도 후회라면 감정을 최대한 배제하고 최선이 아닌 차선의 결과에 만족하는 훈련을 해야 합니다.

●●● *장고에 악수 둔다.*
전략이 세워졌다면 결단력 있게 사고팔아라.

결단력을 끝으로 매매자세에 대한 8가지 항목을 모두 살펴봤습니다. 이미 충분히 알고 있거나 식상한 내용이어서 오늘 수업이 지루하거나 따분할 수도 있었을 겁니다. 그러나 너무 잘 알고 있어 그 중요성을 알면서도 무의식적으로 간과하거나 혹여 잊고 지냈을 수도 있을 거라 생각이 듭니다. 오늘 수업을 계기로 열정과 승부욕, 풍부한 상상력 등의 바람직한 매매자세에 대해 다시 한번 생각하는 시간이 되었으면 합니다. 그럼 다음 시간에는 실전 전략에 대한 4가지 항목에 대해 이야기하겠습니다.

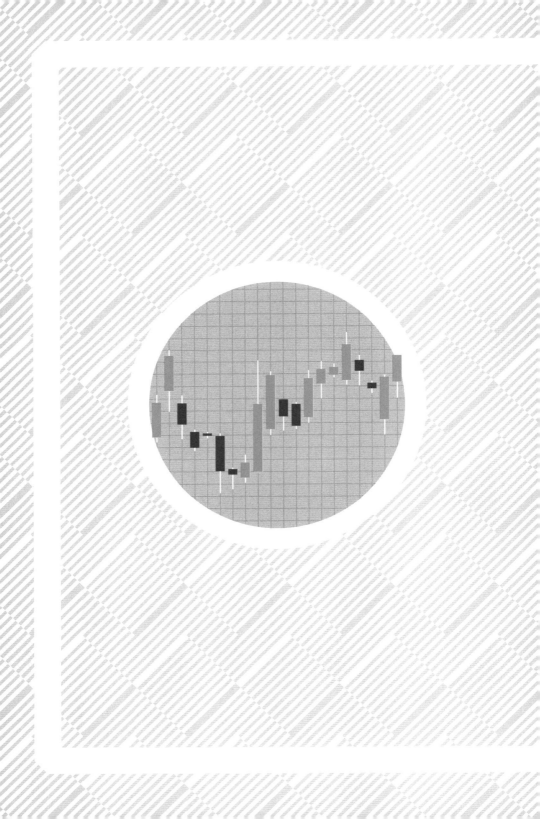

제 **4** 장

실전 전략

최고수   이번 시간에는 실전 전략들에 대해 살펴보도록 하겠습니다.
자가 진단표 총 20문항 중 실전 전략에 대한 문항은 필살기, 물
타기, 청산 전략과 리스크 관리 등 총 4개 항목입니다. 가장 기
본적이고 일반적인 4개 항목만을 매매 진단표에 넣었습니다.
그러나 이번 수업은 매매의 기초적인 내용부터 주식 종목 발
굴과 틈새시장 전략 그리고 리스크 관리까지 폭넓게 포함시켰
습니다.

홀로서기 전략과 매매기법

주식시장에서 살아남는 나만의 전략과 매매기법이 있다

백치미 지난 시간까지 배웠던 내용보다는 이번 시간에 배울 내용이 진짜로 중요한 거 아닌가요? 매매원칙과 매매자세가 좋지 않아도 주식시장에서 필살기만 있으면 될 것 같은데요.

최고수 '강한 사람이 살아남는 것이 아니라 살아남는 사람이 강한 것'이라는 말이 있듯 주식시장에서 살아남아 돈을 버는 것이 가장 중요한 건 사실입니다. 수많은 주식투자자들이 작성한 다양한 매매 진단표를 분석해봤지만, 예외적인 경우를 제외하고 매매원칙과 매매자세가 좋지 않으면서 꾸준히 수익을 내는 사례는 거의 없습니다. 그것은 학습 태도도 좋지 않고 공부도 하지 않는 학생이 좋은 성적을 내기 어려운 이치와 같습니다.

강초보 필살기는 주식시장에서 살아남는 자신만의 비법을 의미합니까?

최고수 꾸준히 수익을 내는 자신만의 매매비법, 노하우 등을 말합니다. 시중에는 주식시장에서 돈 버는 다양한 비법을 소개한 책들이 셀 수 없이 많습니다. 그런 책들을 읽고 대충의 내용을 숙지하는 데는 긴 시간이 필요하지 않습니다. 그러나 본인이 이해하고 자신만의 전략으로 승화시키기 위해서는 수많은 시행착오와 인내의 시간이 필요합니다.

사람의 성격과 성향, 스타일이 다르듯 누구에게나 똑같은 전략은 없습니다. 비록 필살기가 노출되더라도 책에 나온 그 전략과 100% 같을 수는 없습니다. 자신에게 맞는 전략을 찾아 자신만의 전략으로 특화시킨 것이 자신만의 필살기가 됩니다.

강초보 필살기를 찾는 것은 무척이나 어려운 과정 같습니다.

최고수 어려운 과정임은 틀림없습니다. 그러나 그 시작부터가 어려운 것은 아닙니다. 제 필살기 중의 하나가 뉴스 매매입니다. 단순한 뉴스에서 중요한 단서를 포착하고 행간의 뜻을 읽어 주식의 상승 가능성을 읽습니다.

그 대표적인 예로 삼성페이 관련주인 한국정보인증과 라온시큐어를 2015년 2월경에 매입했습니다. 2015년 2월 4일에 「삼성페이'에 쏠린 눈…. 삼성전자의 승부수는」이라는 기사가 떴습니다. 삼성전자가 모바일 콩그레스에서 전략 스마트폰 갤럭시6의 공개와 삼성페이를 소개할 예정이라는 내용이었습니다. 그리고 2015년 2월 19일에 스마트폰 케이스에 초소형 모바일 결제 단말기를 내장해 판매하는 미국 루프페이를 인수한다는 뉴스가 떴습니다. 이미 애플사가 2015년 1월 말, 2015년은 애플페이의

해가 될 것이라며 이 사업에 대한 지속적인 투자확대 방침을 밝힌 바 있었습니다. 그동안 삼성의 애플 따라하기 행태를 봤을 때 삼성이 삼성페이에 어느 정도의 투자와 전략을 집중할지는 쉽게 예상할 수 있었습니다. 그래서 2월 말에 삼성페이 수혜주인 한국정보인증과 라온시큐어를 매수했습니다.

▶ 라온시큐어 차트

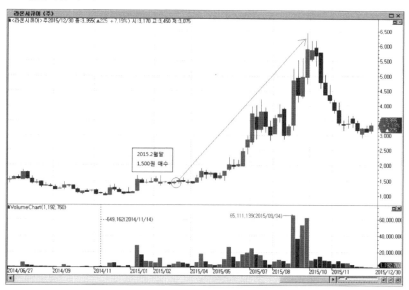

▶ 한국정보인증 차트

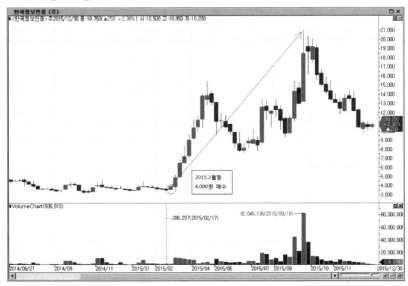

강초보 그런 판단과 결정을 내리기 위해서는 어느 정도의 기본 지식과 엄청난 공부가 필요하겠죠?

최고수 다른 분들은 이미 알고 있는 내용일 수 있지만 강초보 군을 위해서 가장 기본적인 부분부터 짚고 넘어가겠습니다. 주식시장에서 돈을 버는 분석 방법은 크게 기본적 분석과 기술적 분석 2가지가 있습니다. 먼저 이 두 가지 방법에 대해 간단히 살펴보겠습니다.

기본적 분석 VS 기술적 분석

최고수   주식투자에 있어 가장 기본적이고 전통적인 분석 방법이 기본적 분석입니다. 기본적 분석은 그 기업의 내재적 가치를 분석해서 미래의 주가를 예측하는 방법입니다. 주식이 실적과 성장성을 반영한다는 측면에서 보면 가장 타당하고 합리적인 방법입니다. 시간과 선 반영의 문제일 뿐 수급에 큰 변화가 없다면 주식은 결국 실적을 따라가기 마련입니다.

다만 주식이 기업의 실적에만 연동해서 움직인다면 정말 돈 벌기 쉬운 투자 대상일 텐데요. 주식은 실적 외 여러 복합적인 변수들에 의해 움직이기 때문에 다양한 변수를 꼼꼼히 챙겨 봐야 합니다.

자사주   D생명사에 다니는 제 친구가 생각납니다. 평생 주식을 모르고 회사 일만 열심히 하던 친구였습니다. 회사에서 자사주를 배정받아서 자의 반 타의 반 다니는 회사의 주식을 소유하게 되었습니다. 처음에 8천 원에 배정받았고 장외에서 3만 원 근처에서 거래되기도 했습니다. 상장 시점에 두 번째 자사주를 1만 8천 원에 배정받았습니다. 시장에서 3만 원 근처에 체결된 것을 확인했고 본사 자금부에 있었기 때문에 누구보다도 회사의 실적을 잘 알고 있었습니다. 그래서 자사주를 무리해서 2억 가까이 배정받았습니다. D생명사 주식이 앞으로 4~5만 원은 충분히 올라갈 거라고 호언장담까지 했습니다. 그러나 그 주식은 상장 후부터 공모가를 넘지 못하고 1만 원 선이 붕괴되는 등 몇 년째 고전을 면치 못하고 있습니다.

최고수 생명사들이 앞다퉈 상장했을 때였죠. 일각에서는 실적 대비 상장가가 너무 높다고 부정적인 의견이 많았습니다. D생명 주식의 경우는 그룹 리스크가 컸고 2차례의 유상증자 등으로 물량이 급증해서 주가 탄력성이 현저히 떨어지기도 했습니다. 물론 D생명사는 틈새시장으로 대형 생명사들과 다른 영역을 구축하여 상당히 좋은 실적을 유지하고 있었습니다.

다만, 주식가격은 실적 외에 수급, 선 반영, 향후 실적 전망, 심리, 국내외 경제의 움직임 등 다양한 변수가 개입되기 때문에 지금 보이는 실적에 집착해서 투자하는 것은 바람직한 매매전략이 아닙니다.

나왕년 기술적 분석이 그 대안이 될 수 있습니까?

최고수 기술적 분석은 대안이 아니라 또 다른 분석 방식입니다. 참고로 기본적 분석과 병행해서 종목을 연구하고 분석하면 큰 도움이 됩니다. 적과 싸우는 데 한가지 무기보다는 2~3가지 무기가 더 효과적일 수 있으니까요.

기술적 분석은 과거 주가 및 거래량 등을 분석해서 미래의 주가를 예측하는 방법입니다. 차트 하나에 모든 정보가 반영되며 가격은 순수하게 수요와 공급에 의해서만 결정된다는 단순한 가정에서 출발합니다.

기술적 분석에 대해서는 전문가들 사이에서도 많은 논쟁이 끊이지 않지만, 개인적으로는 상당히 신뢰도 높은 분석법이라고 생각합니다.

나왕년 기술적 분석 방법도 옥석을 가리기 힘들 정도로 많지 않습니까?

최고수 기술적 분석 방법이 다양하다 보니 시기마다 투자자들 사이에서 유행하는 분석 방법들이 등장합니다. 그러나 매매 고수분들을 보면 여러 기술적 보조지표들을 참고하기보다는 한 가지 기술적 지표만을 특화해 매매에 활용합니다. 혹은 캔들과 단순 이동평균선 혹은 파동 등 기술적 분석의 기본에만 충실해서 분석하는 경우가 많습니다.

강초보 기본적 분석과 기술적 분석에 대한 대략적인 개념은 이해했습니다. 그러나 각 방법의 필살기를 익히는 것은 또 다른 이야기겠죠?

내 주변에 정보가 있다

일상생활에서 종목 발굴을 한다

최고수 물론입니다. 필살기는 하루아침에 완성될 수 없습니다. 수많은 시행착오와 여러 번의 전략을 수정하여 완성됩니다. 우리 모임에서 유일하게 꾸준히 수익을 내시는 기전업 님이 필살기 중의 하나만 공개해 주실 수 있습니까?

기전업 저의 필살기 중의 하나는 일상생활에서 보석과 같은 종목을 발굴하는 것입니다. 지금까지 보유하고 있는 종목 하나를 예로 들겠습니다.

초등학교 2학년인 제 아들은 2015년 신학기가 시작되고부터 터닝메카드 노래를 불렀습니다. 카드에 닿으면 자동차가 카드에 그려진 로봇으로 변하는 터닝메카드라는 장난감이 선풍적인 인기를 끌고 있다고 하더군요. 그래서 주말에 E마트와 L마트 두 군데를 가봤는데 아이들 사이에 인기 있는 장난감 시리즈는 아예 없었습니다. 직원한테 물어보니 전날 전화를 걸어

다음 날 입고되는지를 확인한 후 마트 오픈 1~2시간 전부터 줄을 서서 기다려야 살 수 있다고 했습니다.

'어떤 회사가 만드는지 대박 났구먼'이라는 생각을 하는 순간, 이 주식을 사야겠다는 생각이 들었습니다. 집에 와서 터닝메카드 장난감을 만드는 손오공이라는 회사를 확인했습니다. 그리고 차트를 보니 3천 원 중반대에서 등락을 거듭하고 있었습니다. 2014년 6월 2천 원대 초반을 찍고 올라오긴 했지만, 추가 상승 여력이 충분하다는 생각에 다음 날 바로 매수했습니다.

물론 2015년 6월 8천 원대 후반에 정리하지는 못했지만 터닝메카드의 인기가 시들지 않는 이상 다시 직전고점을 돌파할 가능성이 크다고 보고 5~6천 원대인 지금도 차익을 실현하지 않고 보유하고 있습니다.

▶ 손오공 차트

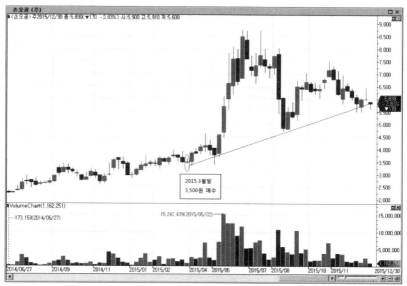

최고수 주식시장에 상장된 종목 대부분은 우리가 일상생활 속에서 흔하게 쓰고 사용하는 제품을 생산하는 기업들입니다. 의식주와 관련된 기본적인 제품부터 취미, 오락, 여가 등을 위한 제품까지 사람들이 생활하면서 먹고, 입고, 쓰고, 이용하는 모든 것들이 주식시장에 상장되어 있다고 보면 됩니다.

따라서 일상생활에서 다른 사람들이 어떤 것들을 많이 사용하고 어디에 지출을 많이 하는지 유심히 관찰하고 살피는 것으로부터 주식의 종목 발굴이 시작됩니다. 그리고 남들보다 좀 더 관심을 갖고 종목을 분석하는 능력이 하나의 필살기가 될 수 있습니다.

산전수 개인적으로 비슷한 투자 경험이 있습니다.

2013년 11월경으로 기억하는데요. 〈아빠 어디가〉라는 프로그램에서 짜파게티와 너구리를 이용한 '짜파구리'라는 신종 조리법이 방송된 적이 있습니다. 그 후 우리 집도 아이들과 같이 짜파구리를 만들어 먹었는데 저뿐만이 아니라 제 주변에 있는 많은 사람들이 너도나도 짜파구리를 만들어 먹고 있었습니다. 어느 회사에서 만드나 봤더니 둘 다 농심에서 만든 라면이었습니다. 그래서 24만 원에 매수했습니다.

최고수 지금까지 보유하고 있다면 이 종목에서도 거의 80~90%의 수익이 발생했겠는데요.

산전수 아쉽지만 너무 일찍 정리하고 나왔습니다. 직전 쌍천장 부근이 31만 원대였는데 이 가격대를 뚫고 올라가는 듯하다가 급하게 밀리기에 30만 원에 정리하고 나왔습니다. 2015년 초에 다시 24만 원까지 내려와서 팔기를 잘했다고 생각했는데 지금까지(2016년 초) 급등세가 이어져 아쉬움이 큽니다.

▶ 농심 차트

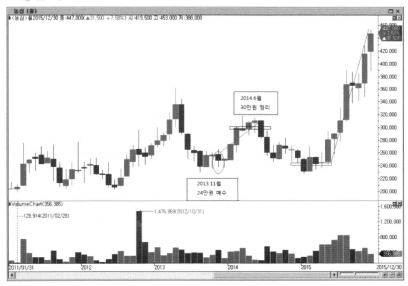

일목파동법의 기술적 분석

최고수 종목 발굴은 잘하셨는데 매매에 아쉬움이 있네요. 기술적 분석의 필살기는 제가 활용하고 있는 일목파동법으로 얘기해 볼까 합니다.

일목파동법은 일목균형표와 파동을 접목시켜 자체적으로 개발한 분석기법입니다. 일목균형표에서 암시하는 상승 및 하락 시그널과 파동에서 보이는 상승 및 하락 시그널이 일치할 때 상당히 높은 신뢰도를 보여준다는데 착안해서 만든 기술적 분석법입니다.

강초보 쉽게 이해가 되지 않는데요. 구체적인 실례를 들어 설명해주시겠습니까?

최고수 지금까지 보유하고 있는 종목 중에 한 종목으로 설명하겠습니다. 중장기투자를 하기 때문에 주봉과 일봉을 같이 보면서 차트 분석을 합니다. 2014년 하반기부터 CJ CGV 종목을 주의 깊게 살펴보고 있었습니다. 주봉상 전형적이 삼각파동이 완성되며 장기 횡보하는 기준선을 중심으로 에너지가 축적되고 있었습니다. 12월 말에 결정적으로 상향 돌파 시도의 모습을 보이더니 일봉상 중요 저항 물량대인 5만4천 원을 돌파하기에 추격매수를 했습니다. 매수 후 등락이 있긴 했지만, 의미 있는 장대양봉이 연출되며 강력한 상승시그널을 보여줬습니다. 그 후 11~12만 원대인 지금까지 보유 중입니다.

기전업 파동으로 보면 P파동 완성 후 상승 쪽으로 에너지 분출이 된 것이네요. 일목균형표상으로는 주봉상 장기 횡보하는 기준선을 뚫고 안착한 후 일봉상 중요 저항대를 돌파한 것이 매수의 결정적 시그널이 되었다는 이야기군요.

최고수 일목균형표에서 보이는 시그널과 파동에서 보이는 시그널이 동시에 일치할 때 CJ CGV 종목처럼 매매에 가담하는 기법입니다.

▶ CJ CGV 주봉 차트 1, 2

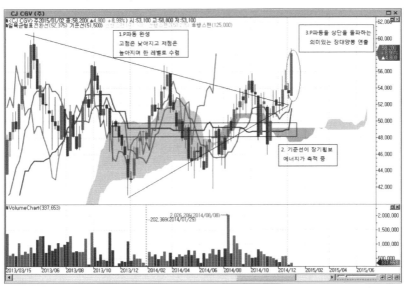

일목파동법 = 일목균형표+파동법

매수	일목균형표 상승시그널 + 파동법 상승시그널
매도	일목균형표 하락시그널 + 파동법 하락시그널

일목균형표의 대표적인 상승시그널

의미 있는 양봉	장기 횡보하는 기준선 혹은 선행스팬2를 상향돌파하는 장대 양봉 출현
골드크로스	전환선이 기준선을 상향돌파
구름층 돌파	두터운 구름층을 캔들이 상향 돌파

파동법의 대표적인 상승시그널

P파동	깃발 모양의 P파동 완성 후 상단 돌파
W파동	쌍바닥이나 쓰리바닥을 다진 후 반등
분할파동	상승 후 고-저 50%, 75% 수준 지지 후 반등

물타기는 죽음의 길

물타기는 체중만 불려 결국 익사하게 한다

최고수   실전 전략에 대한 두 번째 항목은 물타기입니다.

돈을 벌기 위해서는 두 가지만 잘하면 됩니다. 잘 사서 잘 팔고 나오면 되겠죠. 바로 진입과 청산입니다. 진입의 바람직한 사례는 필살기 부분에서 살펴봤습니다. 그에 비해 하지 말아야 할 진입이 물타기입니다. 추가적으로 물타기의 반대 개념인 피라미딩기법도 살펴보겠습니다.

물타기는 매수한 종목이 하락할 때 그 종목을 추가적으로 매입하는 것입니다. 흔히 매입 평균단가를 조정하는(낮추는) 방법이죠. 투자자라면 누구나 최소 한두 번 정도는 물타기 경험이 있을 겁니다. 물타기는 한 마디로 빠른 시일 안에 손실을 회복하려는 적극적이고 공격적인 방법입니다. 수익을 극대화하기 위한 전략은 아니죠. 수익을 극대화하기 위해 오를 때마다 추가 매입하는 전략은 피라미딩전략이라고 합니다.

물타기의 문제는 바로 '손실 난' 포지션을 '빨리' 회복해보려는 '

조급한 심리'에서 비롯된다는 점입니다.

나왕년 하락추세에서는 물타기가 위험할 수 있지만, 박스권 시장에서는 괜찮은 전략이 될 수 있지 않습니까?

최고수 박스권 시장에서 추세 추종 매매로 일관하다가는 손실만 봅니다. 이럴 때는 물타기 전략이 하나의 대안이 될 수 있습니다. 다만 물타기가 수익 방안으로 활용되기 위해서는 치밀한 전략이 필요합니다. 즉 '분할 매수를 한 후 어느 가격대까지는 추가적으로 물량을 늘리고, 반등할 시 어느 가격대부터 차익 실현을 한다' '중요 지지선이 붕괴되면 모든 수량을 손절매한다' 등의 구체적인 전략이 서 있어야 합니다. 그러나 문제는 대부분의 물타기는 의도되지 않게 감정적, 충동적으로 이루어진다는 점입니다. 샀는데 밀리면 "어 밀려? 니가 밀려야 얼마나 밀리겠어. 더 사!" 이런 식으로 물타기를 하기 때문에 문제가 됩니다.

강초보 물타기가 치밀한 전략이 아닌 감정적, 즉흥적으로 이뤄지기 때문에 가급적이면 하지 말라는 이야기죠?

최고수 물타기는 '체중만 불려서 결국 물밑으로 익사하는 것'이라는 말이 있습니다. 손절매 타이밍을 놓치거나 돌발변수가 등장해 대응 시기를 놓치게 되면 회복 불가능한 상태로 빠질 수 있습니다. 즉 추세 추종 전략이 아니라 박스권 전략이어서 자칫 손절을 못하게 되면 손실은 크고 수익은 작기 때문에 차라리 하지 않는 편이 좋습니다.

진입	
바람직한 진입	**하지 말아야 할 진입**
- 뉴스 매매 - 일상에서 종목 발굴 - 일목파동법 등 특화된 기술적 분석 - 피라미딩기법	- 충동적인 진입 - 최저가 진입 시도 - 물타기

강초보 그 반대인 피라미딩기법은 어떤 전략입니까?

최고수 피라미딩은 가령 A종목을 매수했는데 가격이 오르게 되면 오를 때마다 추가적으로 수량을 늘리는 기법입니다. 피라미딩은 '상승하는 종목'을 추가적으로 매수한 후 상승추세가 형성되었을 때 '수익을 극대화'할 수 있다는 점에서 매매원칙에도 부합되는 바람직한 매매기법입니다.

백치미 피라미딩은 가격이 오를 때마다 그냥 쫓아 사면 됩니까?

최고수 피라미딩도 구체적인 전략이 필요합니다. A종목 매입 후 실적 향상이 기대되며 추가 상승할 때 매입 수량을 늘립니다. 혹은 종합주가지수의 정체에도 불구하고 가격이 견고하게 지지되며 강한 하방 경직성을 보여줄 때마다 매입 수량을 늘리는 방법이 있습니다.
기술적 분석에 치중하는 투자자라면 박스권 상단을 돌파하거나 신고가를 경신할 때 공격적으로 추가 매수하는 방법이 있습니다. 단순하게 일정 시점마다 물량을 늘리거나 일정 가격대에 오를 때마다 물량을 늘리는 방법이 있을 수도 있습니다. 종목의 성격과 시장 상황에 적합한 전략을 취해주면 됩니다.

피라미딩전략

- 펀더멘탈 상 양호한 수익 상승이 기대될 때 추가 매수
- 종합주가지수의 하락에도 견고한 지지를 보일 때 추가 매수
- 박스권 상단 및 신고가 돌파 시 추가 매수
- 일정 가격 혹은 일정 시점마다 추가 매수

차익 실현,
그리고 청산 원칙과 전략

최고수 실전 전략의 세 번째 항목은 청산 전략의 유무입니다. 사실 고
수와 하수를 결정짓는 요소가 청산임에도 불구하고 제대로 된
청산 전략을 갖추지 못한 투자자들이 의외로 많습니다.

청산은 2가지입니다. 먹고 나오느냐 아니면 손실을 보고 나오
느냐? 손실이 발생했을 때의 전략은 손절매 항목을 통해 충분
히 점검해 보았습니다. 이번에는 수익이 발생했을 때 어떻게 청
산하고 나오는지에 대해 살펴보겠습니다. 먼저 많이 밀렸다는
이유만으로 매수하는 것처럼 많이 올랐다는 이유만으로 청산
하는 것 역시 해서는 안 되는 청산입니다.

강초보 구체적으로 청산 전략은 어떻게 짜야 합니까?

최고수 예시로 든 CJ CGV 종목으로 설명하겠습니다. 청산 전략은 투
자자의 성향과 진입 이유에 따라 달라집니다.

첫 번째는 가장 단순하게 목표가격을 정해서 차익을 실현하는 방법이 있습니다. 진입가격이 5만 원대 중반이니까 2배 정도 수익인 12만 원이 오면 정리하는 방법입니다. 골치가 아플 일도 없고 방법도 간결합니다. 하지만 운에 의지하는 측면이 강하고 대박 종목을 놓칠 수도 있다는 점에서 바람직하지는 않습니다. 두 번째는 기술적으로 분석해서 매수한 것이니만큼 기술적으로 목표가격대를 설정해 줍니다. 주봉 기준 횡보한 구간만큼 에너지가 분출한다고 가정합니다. 따라서 목표가격은 17만 원대가 적당합니다.

세 번째는 무릎에 사서 어깨에 파는 전략입니다. 고점에 팔려고 하기보다는 고점을 찍고 중요 지지선이 붕괴될 때 물량을 정리하는 방법입니다. 예를 들어 고점 대비 30% 하락지점을 중요 지지선으로 설정했다면 이 수준이 붕괴되면 정리합니다. 고점이 133,500원이니 30% 밀리는 93,400원이 붕괴되면 정리합니다. 혹여 20만 원 고점을 찍고 하락하게 되면 30% 하락인 14만 원 선이 붕괴되면 정리합니다. 물론 이 수준이 지지되면 계속해서 보유합니다.

네 번째는 시나리오와 기본적 분석에 따라 청산하는 전략입니다. CJ CGV의 경우 신고가 종목입니다. 3년 연속 영화 관람객 수가 3억 명을 넘었습니다. 놀이(FUN) 문화가 다양해지긴 했지만 저렴한 문화생활로 영화를 대신할 만한 것은 없습니다. 향후 저성장과 장기불황이 이어지더라도 반대급부로 수혜를 입을 수도 있습니다. 업종의 전망이 밝고 순이익 증가가 기대된다면 조금 더 장기적으로 보유할 수 있습니다. 이후 종목에 큰 영향을 미칠만한 재료나 뉴스가 노출되거나 펀더멘탈, ROE 등에 의미 있는 변화가 생기면 정리합니다.

이 밖에도 본인의 성향과 전략에 따라 다양한 청산 전략이 가능할 수 있습니다. 중요한 것은 전략적이고 원칙적인 청산을 해야 한다는 점입니다. 단순히 많이 올랐다는 이유와 심리적으로 부담스럽다는 이유로 청산해서는 안 됩니다.

▶ CJ CGV 청산 전략 차트

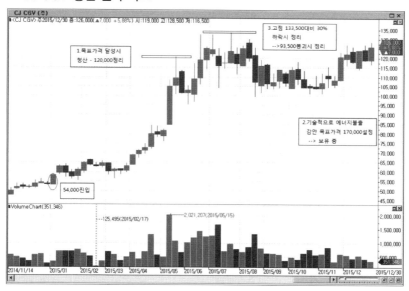

청산 전략

- 100%, 200% 상승 등의 단순 목표가격 설정
- 기술적 분석으로 목표가격 설정(파동법 등 적용)
- 고점 대비 일정 비율 하락 시 청산
- 중요 악재 등의 변수 노출 시 청산
- PER, ROE 등에 중대한 변화가 있을 시 청산

리스크 관리는
전략에 우선한다

산전수   엄밀히 말하면 리스크 관리를 실전 전략에 포함시키는 것은 부적합하지 않습니까?

최고수   리스크 관리를 실전 전략이라고 꼭 짚어 말할 수는 없습니다. 그러나 바늘에는 실이 필요하듯 모든 실전 전략에는 리스크 관리가 빛과 그림자처럼 함께합니다.

기전업   리스크 관리가 실전 전략에 있어 그만큼 중요하다는 말씀이시군요.

최고수   성공하는 매매를 위한 3대 요소는 매매원칙, 필살기 그리고 리스크 관리로 요약할 수 있습니다.

성공하는 매매를 위해서 매매원칙과 필살기도 반드시 필요하지만 리스크 관리가 전제되어야 함을 먼저 강조하고 싶습니다.

강초보   리스크 관리라는 단어는 많이 들어봤는데요. 구체적으로 어떤 개념인지는 와 닿지 않습니다.

최고수   리스크 관리는 손실을 최소화하고 수익을 극대화하기 위해 위험을 관리하는 것을 말합니다. 이해를 돕기 위해 한국인이라면 누구나 좋아하는 고스톱을 예로 들겠습니다. 저는 타짜가 아니지만 어디 가서 고스톱을 치면 크게 잃지는 않습니다. 고스톱을 칠 때 제가 원칙으로 삼는 것은 딱 두 가지입니다.

첫 번째가 크게 먹을 수 있을 것 같을 때는 끝까지 간다. 두 번째는 영 아니다 싶으면 적게 잃는 데 주력한다 입니다.

산전수   매매를 잘하는 분들은 도박도 잘하는 것 같아요.

최고수   모두 그런 것은 아니지만 둘 다 위험을 감수하고 높은 확률에 베팅한다는 측면에서 매매를 잘하는 분들이 도박을 잘하는 경우도 많습니다.

첫 번째 원칙을 구체적으로 보면 크게 날 수 있을 것 같을 때는 운에 모든 것을 맡기고 독박을 쓰더라도 쓰리고를 외칩니다. 간혹 쓰리고에 피박에 광박까지 씌어서 정말 크게 딸 수 있기 때문입니다.

두 번째 원칙은 패가 좋지 않아 느낌이나 분위기가 좋지 않을 때는 무조건 쉬는 겁니다. 그러나 연달아 죽을 수 없는 연사 등으로 반드시 참여해야 한다면 나쁜 패로 3점을 나려고 하기보다는 광박이나 피박을 면하는 데 주력합니다. 혹여 A라는 사람이 크게 날 것 같으면 B라는 사람에게 청단, 홍단 등 작은 점수로 날 수 있게끔 밀어주어 작은 손실로 막습니다. 고스톱의 두 번째 원칙이 바로 리스크 관리죠. 한마디로 리스크 관리는 손실을 최대한 줄여서 다음 기회를 노리는 것입니다.

강초보 저같이 매매 경험이 일천한 투자자들에게 특별히 요구되는 리스크 관리 방법이 있습니까?

최고수 강초보 군과 같은 초보투자자와 저 같은 베테랑 투자자들의 리스크 관리 방법은 다르지 않습니다. 분산투자와 손절매를 철저하게 지키는 것만으로도 훌륭한 리스크 관리가 될 수 있습니다.

  지금까지 실전 전략과 관련된 진입과 청산 그리고 리스크 관리에 대해 개괄적으로 살펴봤습니다. 주식 실전 전략에 대한 내용은 6주차에 본격적으로 다룰 예정입니다. 주식 종목 발굴부터 매매전략까지 22개 항목에 대해 이야기해 보도록 하겠습니다.
  다음 시간에는 그동안 배웠던 매매원칙, 매매자세 그리고 실전 전략에 대한 내용을 토대로 매매 진단표를 작성하도록 하겠습니다.

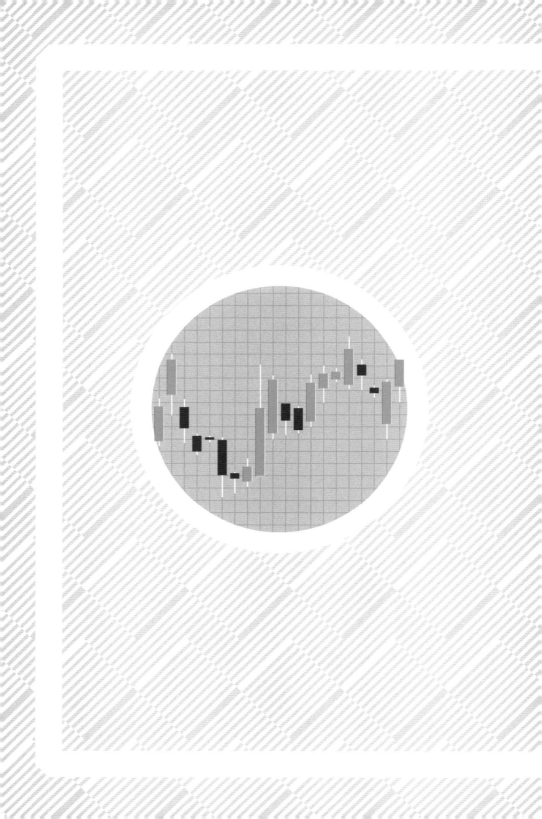

제 **5** 장

매매 진단표 작성

최고수 이번에는 매매 진단표를 작성해 보도록 하겠습니다. 지난 시간에 배웠던 매매원칙과 매매자세 그리고 실전 전략들에 대한 20개 항목을 약함(적게 함)에서 강함(많이 함)까지 5개 등급으로 나눴습니다. 매매원칙 40점, 매매자세 35점, 실전 전략 25점 만점으로 매매 진단표 총점은 100점입니다. 다만 각 항목의 배점은 5점이 아니라 각 항목마다 가중치를 달리했습니다.

강초보 매매 진단표를 작성하는 이유는 무엇입니까?

최고수 너무나 당연해서 잊고 있었거나 오늘 당장 매매에 쫓겨 무시하거나 간과하고 넘어갔던 부분을 재점검하기 위함입니다. 각자 매매 진단표를 작성하며 객관적으로 자신의 매매 성적을 숫자로 확인합니다. 그럼으로써 자신의 현 상태를 냉정하게 평가해 보고 이를 통해 점수가 낮은 투자자는 재점검의 시간을 갖고 점수가 높은 투자자들은 한 단계 성장하는 계기를 마련하고자 합니다. 궁극적으로는 주식투자에 있어 평정심과 냉정함을 잃지 않고 매매원칙과 매매전략에 충실하기 위함입니다.

시간제한은 없습니다. 별다른 주의 사항도 없습니다. 하지만 본인을 좀 더 객관적으로 평가해서 신중하게 체크해 줄 것을 부탁하고 싶습니다. 항목이 주식 진단표에 비해 다소 추상적이기 때문입니다.

7주차에 작성할 주식 진단표의 몰빵투자 항목을 예로 들겠습니다. 몰빵투자에서 1~2종목 보유는 몰빵투자가 강한 것이고(1점), 4~5종목 보유는 보통(3점)이고, 10종목 이상 보유는 약한 것(5점)입니다. 객관적인 수치로 정확히 자신의 상태를 평가할 수 있습니다. 그러나 매매 진단표 항목은 자존심, 열정, 결단력 등 추상적이고 관념적인 내용이어서 주관적인 판단이 개입될 수밖에 없습니다. 따라서 자신에게 관대한 투자자는 상대적으로 점수가 좋게 나올 수 있고 자신에게 엄격한 투자자는 점수가 낮게 나올 수도 있습니다.

혹여 주식시장에서 성적이 좋지 못한 투자자가 오히려 꾸준히 수익을 내는 투자자보다 점수가 높게 나올 수도 있습니다. 이런 예외적인 상황이 발생하지 않도록 최대한 객관적으로 본인을 평가해 주시기 바랍니다.

자, 그럼 작성해 주십시오.

▶ 매매 진단표

매매원칙					
	약함 (적게 함)		보통		강함 (많이 함)

손절매					
정해 놓은 손실가격대가 오면 무조건 정리한다.					

고집					
확신이 든 종목은 절대로 고집을 꺾지 않는다.					

미련					
손실보고 정리하고 싶어도 다시 오를까 봐 정리하지 못한다.					

자존심					
난 부족하지 않다. 내가 시장에 질 이유는 전혀 없다.					

자립심					
혼자 판단하고 혼자 결정해서 매매한다.					

책임감					
손실도 수익도 전적으로 나의 책임이다.					

유연성					
시장을 인정하고 유연하게 대응한다.					

기다림					
목표수익까지 흔들림 없이 기다린다.					

매매자세

	약함 (적게 함)		보통		강함 (많이 함)
절실함					
주식투자는 절실함으로 시작했다.					
자기절제					
주식시장에서 살아남기 위해 다른 일상은 포기한다.					
도전정신					
새로운 전략과 매매기법에 도전한다.					
열정					
내 모든 시간과 열정을 주식시장에 쏟아 붓는다.					
승부근성					
지고는 못 산다. 받은 만큼 꼭 돌려준다.					
순발력					
뉴스나 재료 노출 시 발 빠르게 대응한다.					
결단력					
망설이거나 주저하지 않고 사고판다.					
상상력/ 독창성					
남들과 다르게 생각한다. 다양한 시나리오를 구상한다.					

실전 전략					
	약함 (적게 함)		보통		강함 (많이 함)
필살기					
주식시장에서 살아남는 나만의 전략과 매매기법이 있다.					
물타기					
보유 주식의 가격이 하락하면 세일을 하는 것 같아 더 사게 된다.					
청산 원칙					
수익이 발생할 경우 차익을 실현하는 청산 원칙과 전략이 있다.					
리스크관리					
모든 원칙에 우선하는 것은 리스크 관리다.					

　　매매 진단표를 작성했으면 매매 진단 채점표를 참고해서 점수를 써서 제출해 주시기 바랍니다.

▶ 매매 진단 채점표

	약함		보통		강함
손절매	2	4	6	8	10
고집	3	2.5	2	1.5	1
미련	4	3	2.5	2	1
자존심	3	2.5	2	1.5	1
자립심	1	2	3	4	5
책임감	1	2	3	4	5
유연성	1	2	3	4	5
기다림	1	2	3	4	5
절실함	1	1.5	2	2.5	3
자기 절제	1	1.5	2	2.5	3
도전 정신	1	2	3	4	5
열정	1	2	3	4	5
승부 근성	1	2	3	4	5
순발력	1	1.5	2	3	4
결단력	1	2	3	4	5
상상력/독창성	1	2	3	4	5
필살기	2	4	6	8	10
물타기	5	4	3	2	1
청산 전략	1	2	3	4	5
리스크 관리	1	2	3	4	5

매매 진단표의 결과는 점수와 유형에 따라 2가지로 구분했습니다.

첫 번째는 점수별 구분입니다. 1등급 90~100점, 2등급 80~89점, 3등급 70~79점, 4등급 60~69점 그리고 5등급 50점 미만 총 5단계로 나눴습니다.

두 번째는 유형별 구분입니다. 매매원칙, 매매자세 그리고 매매전략 등 모든 분야에서 고르게 좋은 점수를 획득한 A유형, 필살기 등 매매전략은 갖췄으나 손절매 부분이 부족한 B유형, 손절매 등 매매원칙과 매매자세는 좋으나 아직 본인의 필살기를 찾지 못한 C유형, 주식시장에서 돈을 벌 결정적 그 무엇이 부족한 D유형, 전체적으로 모든 것이 최악인 F유형으로 나눴습니다.

등급	점수
1등급	90~100점
2등급	80~89점
3등급	70~79점
4등급	50~69점
5등급	50점 미만

유형	설명
A유형	모든 항목에서 좋은 점수를 획득한 유형
B유형	필살기는 있으나 매매원칙을 종종 어기는 유형
C유형	매매원칙, 자세는 좋으나 필살기를 찾지 못한 유형
D유형	돈을 벌 결정적 그 무엇이 부족한 유형
F유형	전체적으로 점수가 낮은 최하수 유형

* 반드시 2등급이 B유형이고 3등급이 C유형은 아니다. 3등급이지만 D 유형도 있을 수 있고 2등급이지만 C유형도 있을 수 있다. 다만 이해의 편의를 위해 1등급-A유형, 2등급-B유형, 3등급-C유형, 4등급-D유형, 5등급-F유형의 전형적인 유형만 예시로 실었다.

여러분의 매매 진단표 점수와 유형을 발표하기 전에 저의 매매 진단 채점표를 공개하겠습니다.

모든 항목에서 최상위,
시장의 고수 유형

[최고수: 1등급, A유형]

최고수 매매원칙 8문항 총 40점 중 35점을, 매매자세 8문항 총 35점 중 34점을, 실전매매 4항목 총 25점 중 22점을 획득해서 91점을 얻었습니다.

고집과 자존심이 센 편이어서 가끔 손절 타이밍을 놓칠 때도 있습니다. 그러나 적기의 타이밍을 놓칠 뿐이지 추가 손실 시 반드시 손절매를 합니다. 그래서 손절매 항목에서는 8점과 10점 사이에서 많은 고민을 했지만 완벽하지는 않아 8점을 줬습니다.

매매자세는 거의 완벽에 가까울 정도로 높은 점수를 받았습니다. 매매를 힘들고 고된 일이 아닌 즐겁고 보람된 천직으로 생각하기 때문인 것 같습니다.

매매전략의 물타기와 청산 원칙에 아쉬운 부분이 있지만, 저만의 확실한 필살기가 있어 좋은 점수를 얻었습니다. 결과적으로 총점 90점이 넘는 1등급-A유형을 받았습니다.

강초보 부럽습니다. 저도 열심히 하면 90점 이상의 고득점이 가능할까요?

최고수 물론입니다. 20개 항목 하나하나를 음미하듯이 되짚어보면서 착실히 실천해 나간다면 성공하는 투자자가 될 것으로 확신합니다.

▶ 〈최고수〉 매매 진단표

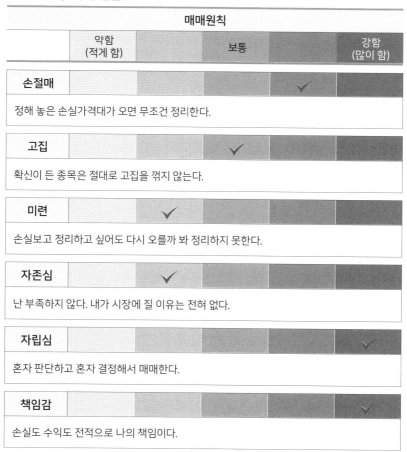

매매원칙				
	약함 (적게 함)		보통		강함 (많이 함)

손절매 — 강함 쪽 체크
정해 놓은 손실가격대가 오면 무조건 정리한다.

고집 — 보통 체크
확신이 든 종목은 절대로 고집을 꺾지 않는다.

미련 — 약함 체크
손실보고 정리하고 싶어도 다시 오를까 봐 정리하지 못한다.

자존심 — 약함 체크
난 부족하지 않다. 내가 시장에 질 이유는 전혀 없다.

자립심 — 강함 체크
혼자 판단하고 혼자 결정해서 매매한다.

책임감 — 강함 체크
손실도 수익도 전적으로 나의 책임이다.

유연성				✓

시장을 인정하고 유연하게 대응한다.

기다림			✓	

목표수익까지 흔들림 없이 기다린다.

매매자세

	약함 (적게 함)		보통		강함 (많이 함)
절실함					✓

주식투자는 절실함으로 시작했다.

자기절제					✓

주식시장에서 살아남기 위해 다른 일상은 포기한다.

도전정신					✓

새로운 전략과 매매기법에 도전한다.

열정					✓

내 모든 시간과 열정을 주식시장에 쏟아 붓는다.

승부근성					✓

지고는 못 산다. 받은 만큼 꼭 돌려준다.

순발력					✓

뉴스나 재료 노출 시 발 빠르게 대응한다.

결단력					✓
망설이거나 주저하지 않고 사고판다.					

상상력/ 독창성				✓	
남들과 다르게 생각한다. 다양한 시나리오를 구상한다.					

실전 전략

	약함 (적게 함)		보통		강함 (많이 함)
필살기					✓
주식시장에서 살아남는 나만의 전략과 매매기법이 있다.					
물타기		✓			
보유 주식의 가격이 하락하면 세일을 하는 것 같아 더 사게 된다.					
청산 원칙				✓	
수익이 발생할 경우 차익을 실현하는 청산 원칙과 전략이 있다.					
리스크관리				✓	
모든 원칙에 우선하는 것은 리스크 관리다.					

필살기를 갖췄으나
손절매 부분이 부족한 유형

[기전업: 2등급, B유형]

최고수 80점 대의 2등급은 전업투자자로 어느 정도의 수익을 내고 있는 경우가 많습니다. 다만 주식시장에서 살아남아 수익은 내고 있으나 손절매 등의 부분이 다소 미흡한 단점이 있습니다.

그러나 손절매를 무 자르듯이 기계적으로 하는 투자자들은 많지 않습니다. 심지어 매매의 고수들도 손절매를 주저하고 한 템포 놓친 후 뒤늦게 손절매를 하는 경우도 많습니다. 다만 고수들이 일반투자자들과 다른 점은 더 멀지 않게 지켜야 할 선은 반드시 지키면서 손절매를 한다는 점입니다. 즉 일반투자자들이 손절매하지 못하고 반 포기상태로 들고 가는 종목들이 있는 반면, 고수들은 일정 손실 폭을 넘어서면 무조건 정리합니다.

기전업 손절매의 중요성을 누구보다 잘 알면서 잘 지키지 못할 때가 종종 있습니다. 그러나 그것보다 더 안 좋은 것은 가끔 감정적으로 물타기를 한다는 점입니다. 물론 바로 후회하고 정리하기는 하지만 그때는 이미 큰 손실을 본 후입니다.

최고수 거듭 말씀드리지만, 손절매는 저 역시도 무척이나 어렵습니다. 그래도 과거와는 분명 달라졌습니다. 한때는 손절매를 못 하면 손가락을 자른다는 각오로 매매를 했던 시기가 있었습니다. 비슷한 예로 학창시절 쏟아지는 잠을 쫓기 위해 혈서를 쓰면서 고군분투했던 적이 있었습니다. 당시 어느 정도 잠과 타협하면서 적당히 자고 잠을 이겨내면서 공부를 했던 기억이 납니다.
주식투자를 장기간 한다면 손절매도 평생 친구처럼 같이 가야 할 존재일지도 모릅니다. 그러나 어느 순간 단호하게 끊어야 할 때는 끊을 수 있어야 합니다. 그렇게 확실하게 손절매를 할 수 있다면 물타기를 걱정할 이유는 없습니다.

▶ 〈기전업〉 매매 진단표

	약함		보통		강함
손절매	2	4	✓ 6	8	10
고집	3	2.5	✓ 2	1.5	1
미련	4	✓ 3	2.5	2	1
자존심	3	✓ 2.5	2	1.5	1
자립심	1	2	3	4	✓ 5
책임감	1	2	3	4	✓ 5
유연성	1	2	3	✓ 4	5
기다림	1	2	3	✓ 4	5
절실함	1	1.5	2	2.5	✓ 3

자기 절제	1	1.5	2	2.5	✓ 3
도전 정신	1	2	3	✓ 4	5
열정	1	2	3	4	✓ 5
승부 근성	1	2	3	✓ 4	5
순발력	1	✓ 1.5	2	3	4
결단력	1	2	3	✓ 4	5
상상력/ 독창성	1	2	3	4	✓ 5
필살기	2	4	6	8	✓ 10
물타기	5	4	✓ 3	2	1
청산 전략	1	2	3	4	✓ 5
리스크 관리	1	2	3	✓ 4	5

*매매원칙 31.5점/40점, 매매자세 29.5점/35점, 실전 전략 22점/25점, 총점 83점

●●● *2등급, B유형 – 기회는 또 온다. 기회를 잡기 위해 손절매를 해야 한다. 자동 STOP주문을 활용해서라도 손절매를 기계적으로 해라.*

매매원칙과 자세는 좋으나
필살기가 없어 고전하는 유형

[나왕년: 3등급, C유형]

나왕년   한때는 정말 이렇게 주식이 잘 될 수 있나 싶을 정도로 베팅하는 종목마다 수익이 날 때가 있었습니다. '주식이 세상에서 제일 쉬웠어요'라는 책을 쓰고 싶을 정도였습니다. 그러나 어느 순간 주식시장의 흐름을 따라가지 못하면서 그 후로 좀처럼 감을 잡지 못하고 있습니다.

최고수   나왕년 님처럼 한때 수익이 괜찮았으나 최근 몇 년간 수익을 제대로 내지 못하는 투자자들이 있습니다.

이런 유형의 특징은 3가지 정도로 요약됩니다.

첫째, 한때 주식시장에서 괜찮은 수익을 거둔 시기가 있었습니다. 그래서 잘만 하면 다시 벌 수 있다는 생각을 늘 가지고 있습니다.

둘째, 시장 경험도 풍부하고 주식시장에서 어떻게 매매를 해야 돈을 벌 수 있는지 머리로는 어느 정도 알고 있습니다. 하지만 몸이 따라주지 않거나 시장 상황에 휩쓸려 다니는 유형입니다. 셋째, 이론적이고 논리적인 매매기법보다는 자신의 감에 의존하는 경우가 많은 유형입니다.

이런 유형의 최대 단점은 자신의 감이 안 맞기 시작하면 미로에 빠진 것처럼 장기간 그 늪에서 헤어나오지 못한다는 점입니다. 차라리 매매금액을 줄이거나 일정 기간 휴식을 취하면 좋으련만 그렇게 하지도 못합니다. 과거에 잘 벌었던 기억이 너무나 생생하기 때문입니다.

나왕년 맞습니다. 다시 과거와 같이 잘 벌 수 있을 것 같은 생각에 좀처럼 매매 포지션을 줄이지 못하고 있습니다.

최고수 시대가 바뀌면 유행이 바뀌듯 주식시장 트렌드도 시시각각으로 변합니다. 자신의 매매 감각이 주식시장에서 통하지 않을 때는 주식시장에 맞는 매매기법을 찾거나 최소한 자신의 매매기법을 좀 더 가다듬으면서 손실을 최소화할 필요가 있습니다. 자신의 매매 방법으로 과거에 큰 수익을 거뒀다는 믿음 때문에 주식시장의 변화에 순응하지 않고 평소와 같이 공격적으로 매매한다면 손실만 커질 뿐입니다.

나왕년 일단 포지션을 줄인 상태에서 매매기법을 재점검하고 자신만의 필살기를 개발할 필요가 있다는 말씀이시죠?

최고수 이미 주식시장에 대해 충분히 알 만큼 알고 있습니다. 꾸준히 수익을 내는 전업투자자 정도는 아니지만 그래도 그 수준에 준

하는 매매 실력도 갖추고 있습니다. 다만 주식시장에서 자주 평정심을 놓치거나 감에 지나치게 의존하는 경향이 있습니다. 포지션을 줄이고 초심으로 돌아가 매매원칙과 매매자세 그리고 전략을 다시 한번 가다듬을 필요가 있습니다. 실전 전략의 점수가 현저하게 낮을 뿐 매매 진단표 총점은 낮지 않기 때문에 필살기를 찾으면 실력이 향상할 가능성이 충분합니다.

▶ 〈나왕년〉 매매 진단표

	약함		보통		강함
손절매	2	4	6	✓ 8	10
고집	3	✓ 2.5	2	1.5	1
미련	4	✓ 3	2.5	2	1
자존심	3	2.5	✓ 2	1.5	1
자립심	1	2	3	4	✓ 5
책임감	1	2	3	4	✓ 5
유연성	1	2	3	✓ 4	5
기다림	1	2	3	✓ 4	5
절실함	1	1.5	2	2.5	✓ 3
자기 절제	1	1.5	2	✓ 2.5	3
도전 정신	1	2	3	✓ 4	5
열정	1	2	3	4	✓ 5
승부 근성	1	2	3	✓ 4	5
순발력	1	1.5	2	✓ 3	4
결단력	1	2	3	✓ 4	5
상상력/독창성	1	2	3	✓ 4	5

필살기	2	✓ 4	6	8	10
물타기	5	4	✓ 3	2	1
청산 전략	1	✓ 2	3	4	5
리스크 관리	1	✓ 2	3	4	5

* 매매원칙 33.5점/40점, 매매자세 29.5점/35점, 실전 전략 11점/25점, 총점 74점

●●● 3등급, C유형 – 휴식을 취하거나 최소 베팅금액을 줄여야 한다. 매매기법을 재점검하고 필살기를 개발해라.

뚜렷한 장점이 없는 유형

[산전수, 자사주: 4등급, D유형]

최고수 4등급, D유형은 수익을 낼 만도 한데 당최 수익을 내지 못하는 유형입니다. 점수는 50, 60점대로 개인투자자 중에서 가장 많은 비중을 차지하지 않을까 싶습니다.

D유형은 주식시장에 대해서 어느 정도 알고 있고 주식시장 경험도 적지 않습니다. 자기 회사 혹은 정보 모임을 통해 중요 정보를 접하는 기회도 많습니다. 그러나 결정적인 그 무엇이 부족해 주식시장에서 돈을 벌지 못하는 유형입니다. 자신의 결정적인 단점을 알지도 못하고 심지어 인정하려고 하지도 않는 유형이기도 합니다.

산전수 정규 분포의 가운데 부분을 차지하고 있는 유형인가 봅니다. 저도 실력은 되는데 운이 지지리 나빠서 주식시장에 돈을 못 버는 게 아닌가라는 생각을 할 때가 있습니다.

최고수 일반적으로 사람은 나이가 들수록 고집이 더 세진다고 합니다. 물론 좋지 않은 고집도 세지고 본인이 그것을 알면서도 고치지 못하는 경우도 많습니다. 그것이 잘못되었다는 것을 인정하는 순간 그동안 살아왔던 자기 인생 자체를 부정하는 것일 수도 있으니까요. 그래서 시간이 흐를수록 그런 상태가 더욱 고착되는 것 같습니다. 아마도 주식시장에서도 이런 마인드로 매매를 하는 유형이 아닌가 싶습니다. 이런 유형은 크게 2가지 특징을 보입니다.

첫째, 자신의 인생을 주식시장에 지나치리만큼 투영해서 자신의 성격과 스타일대로만 매매하려고 하는 유형입니다. 둘째, 처음에 잘못 들인 매매 습관을 끝까지 고치려 하지 않는 유형입니다.

산전수 감추고 싶은 구석이 찔린 것 같아 조금 아프네요. 그래도 전적으로 제 이야기는 아닌 것 같습니다. 주변에 주식의 고수가 없고 운이 나쁠 뿐 제 점수(56점)보다는 제 실력이 좋다고 생각합니다.

자사주 "결정적인 그 무엇이 없다"고 표현을 해주셨지만, 정확히 말하면 이것도 저것도 아닌, 잘하는 것 하나 없이 주식시장에 휩쓸려 다니는 투자자를 의미하는 것 같습니다. 그래도 제가 50점대를 받은 것은 인정하기 싫습니다.

수업이 반 이상 진행되었지만, 여전히 자신의 매매스타일을 고집하려는 투자자들이 있다. 매매를 향상하기 위해서는 자신의 부족한 점을 먼저 인정해야 하는데 생각만큼 쉽지 않은 작업인 듯하다.

► 〈산전수〉 매매 진단표

	약함		보통		강함
손절매	2	✓ 4	6	8	10
고집	3	2.5	✓ 2	1.5	1
미련	4	3	✓ 2.5	2	1
자존심	3	2.5	✓ 2	1.5	1
자립심	1	2	✓ 3	4	5
책임감	1	2	✓ 3	4	5
유연성	1	2	✓ 3	4	5
기다림	1	2	✓ 3	4	5
절실함	1	1.5	✓ 2	2.5	3
자기 절제	1	1.5	2	✓ 2.5	3
도전 정신	1	2	✓ 3	4	5
열정	1	2	✓ 3	4	5
승부 근성	1	2	✓ 3	4	5
순발력	1	1.5	✓ 2	3	4
결단력	1	2	✓ 3	4	5
상상력/독창성	1	2	✓ 3	4	5
필살기	2	✓ 4	6	8	10
물타기	5	4	✓ 3	2	1
청산 전략	1	✓ 2	3	4	5
리스크 관리	1	2	✓ 3	4	5

* 매매원칙 22.5점/40점, 매매자세 21.5점/35점, 실전 전략 12점/25점, 총점 56점

●●●● 4등급, D유형 - 주식 실력을 냉정하게 받아들여라.
과거의 잘못된 매매 습관을 버리고 새로운 투자 원칙
과 전략을 수립해라.

모든 항목에서 최하위, 시장의 하수 유형

[백치미: 5등급, F유형]

최고수 백치미 님은 매매원칙, 매매자세 그리고 실전 전략 모두 낮은 점수를 받았습니다. 총점도 낙제점인 44점을 받았습니다.

그중에 기다림 부분을 오해하고 있는 것 같아 그 부분도 5점이 아니라 2점으로 낮출 시 총점은 41점으로 더 낮아집니다. 기다림은 절호의 기회가 왔을 때까지 기다리는 진입의 기다림과 원하는 목표가격까지 묵묵히 기다릴 수 있는 청산의 기다림을 의미합니다. 30~40% 이상 손실이 나서 손절매 가격 이하로 밀린 주식을 다시 본전이 될 때까지 기다리는 기다림을 의미하지 않습니다.

백치미 전체적으로 점수가 낮아 굳이 어느 한 부분을 꼭 짚어 말하기는 힘들 것 같네요. 하지만 특히 절실하게 고쳐야 할 부분은 어떤 부분입니까?

최고수 백치미 님은 손절매에 취약합니다. 손절매 원칙이나 전략 자체가 없습니다. 백치미 님의 고집 항목 점수가 낮은 것은 자신의 전략이 시장과 맞지 않을 때 고집을 꺾고 유연하게 시장에 순응하는 것을 말하지 않습니다. 전략이 없기 때문에 큰 수익이 가능할 수 있는 종목도 끝까지 밀어붙이지 못함을 의미합니다.

백치미 솔직히 주식시장에 자신이 없습니다. 주식을 사면 '이 종목이 과연 오를까?'라는 불안한 마음이 먼저 듭니다. 그래서 다른 투자자들이 좋다는 종목을 따라 사는 경우가 많습니다.

최고수 주식투자 경험이 5년이 넘었는데도 아직 자립하지 못했고 책임감도 부족합니다. 이는 스스로 종목을 연구하고 분석하기보다는 남들의 정보나 추천 종목에 의존해서 매매를 하기 때문입니다. 당연히 자신만의 필살기가 있을 리 없습니다.

백치미 그럼 이제 어떻게 해야 하나요?

최고수 종합적으로 판단해 봤을 때 백치미 님은 일단 모든 매매를 중지해야 합니다. 지금 심정은 어떻게든 빠른 시일 내에 매매원칙을 세우고 자신의 매매전략으로 예전의 손실을 메우고 싶을 겁니다. 하지만 지금 실력으로 주식투자를 계속하는 것은 밑 빠진 독에 물 붓기와 다르지 않습니다.

산전수 너무 냉정하게 말씀하시는 거 아닙니까? 이 모임에 온 이유는 기존과 달리 새롭게 주식투자를 하기 위해서 온 것일 텐데요.

최고수 영원히 주식투자를 하지 말라는 뜻은 아닙니다. 지금 절실히 필요한 것은 매매의 기본기입니다. 매매 기간이 짧은 편은 아니지만 혼자 무언가를 해보려고 체계적으로 분석하고 연구한 것이 아니기 때문에 기본기부터 다시 시작해야 한다는 말을 하고 싶었습니다.

강초보 주식투자를 적극적으로 하지 않아 매매 진단표를 작성하지 않았습니다. 만약 작성했다면 저도 50점 이상을 받기는 어려울 것 같습니다.

최고수 50점 이하의 낙제점을 받은 투자자들은 무조건 매매를 정지한 후, 지난 투자 과정을 반성하고 새롭게 계획을 짜야 합니다. 기초가 부족하기 때문에 주식 관련 서적을 10여 권 사서 정독하고 여러 주식 사이트에 들어가서 주식의 흐름을 파악하고, 경제신문을 구독하여 전체 경제 흐름을 파악하는 공부를 해야 합니다.

그렇게 어느 정도 기초가 다져진 후 종목을 발굴하고 자신의 전략을 세워야 합니다. 그런 후 어느 정도 자신감이 쌓였을 때 소액으로 다시 주식투자를 시작해도 늦지 않습니다.

▶ 〈백치미〉 매매 진단표

	약함		보통		강함
손절매	✔ 2	4	6	8	10
고집	✔ 3	2.5	2	1.5	1
미련	5	4	✔ 3	2	1
자존심	3	2.5	2	✔ 1.5	1
자립심	1	✔ 2	3	4	5
책임감	1	✔ 2	3	4	5
유연성	1	2	✔ 3	4	5
기다림	1	2	3	4	✔ 5
절실함	✔ 1	1.5	2	2.5	3
자기 절제	1	✔ 1.5	2	2.5	3
도전 정신	1	✔ 2	3	4	5
열정	1	✔ 2	3	4	5
승부 근성	1	✔ 2	3	4	5
순발력	✔ 1	1.5	2	3	4
결단력	1	✔ 2	3	4	5
상상력/독창성	1	2	✔ 3	4	5
필살기	✔ 2	4	6	8	10
물타기	5	4	3	✔ 2	1
청산 전략	1	✔ 2	3	4	5
리스크 관리	1	✔ 2	3	4	5

* 매매원칙 21.5점/40점, 매매자세 14.5점/35점, 실전 전략 8점/25점, 총점 44점

●●●● 5등급, F유형 – 주식매매를 즉시 중단해라.
기존의 손실에 미련이 남겠지만, 주식시장을 떠나는
것이 최선일 수 있다.

최고수 여기 모이신 분들 모두 매매 진단표를 작성했습니다. 매매 진단표의 1~2등급은 주식시장에서 꾸준히 돈을 버는 투자자에 해당합니다. 지금까지 해오던 대로 꾸준히 노력하면 앞으로도 좋은 성적을 낼 거라 기대합니다. 3등급은 수익과 손실을 왔다 갔다 합니다. 하지만 본인의 노력 여하에 따라 수익을 내는 투자자로 거듭날 수 있습니다. 4등급은 매매 전반에 대한 기초가 부족한 유형입니다. 시장을 탓하기보다는 자신의 내부에 있는 문제점에 초점을 맞출 필요가 있습니다. 5등급은 주식투자의 낙제를 의미합니다. 일단은 매매를 중지하고 전반적인 매매항목을 재점검할 필요가 있습니다.

매매 진단표는 본격적으로 주식 진단표를 작성하기 위해 매매 전반에 대한 사항을 점검해 보는 표입니다. 주식 실전투자와 관련된 매매원칙과 매매자세 그리고 실전 전략을 포함한 장기적이고 핵심적인 실력의 현주소를 나타내주는 표입니다. 따라서 최근에 주식투자 성적이 괜찮다 하더라도 매매 진단표의 점수가 낮다면 단기적인 수익에 그칠 가능성이 높습니다. 반대로 매매 진단표의 점수가 높다는 것은 매매에 대한 기본기가 탄탄하다는 것을 의미하기 때문에 최근 주식투자 성적이 좋지 않더라도 본인의 노력 여하에 따라 성공적인 투자자로 거듭날 수 있습니다.

다음 시간에는 주식 진단표 작성을 위한 22개 항목에 대해 자세히 살펴보도록 하겠습니다.

매매 진단표를 마무리하며

전문직에 종사하려면 자격증이 있어야 한다. 의사가 되기 위해서는 6년간 공부한 후 의과고시에 붙어야 한다. 또한, 판·검사, 변호사가 되기 위해서는 사법고시에 합격해야 했다. 운전을 하기 위해서는 운전면허증이 있어야 한다. 그러나 주식투자는 어떤 면허도 필요하지 않고 누구나 할 수 있으며 진입 장벽이 없다.

반면 파생상품에 신규로 투자하기 위해서는 일정 시간 교육을 받고 모의투자를 해야 한다. 증권사에서 상당한 반발이 있었다. 그것은 수수료 수입으로 수익을 내야 하는 증권사 입장일 뿐이다. 파생상품의 속성상 더 타이트하게 규제할 필요가 있다. 주식투자도 파생상품과 같이 진입단계부터 규제할 필요가 있다. 더불어 단기매매를 일삼거나 과거 손실금액 정도와 손실률에 따라 일정 기간 매매를 정지시킬 필요도 있다.

매매 진단표라는 것은 스스로의 매매 실력을 구체적인 점수로 확인하는 것이다. 일종의 면허증처럼 점수를 확인하고 매매를 계속해도 되는지 혹은 매매를 조심스럽게나마 시작해도 되는지를 측정하는 것이다. 또한, 매매 진단표를 작성하면서 매매에 있어 나의 장단점을 점검하는 시간이 될 수도 있다.

강의할 때마다 청중들에게 매매 진단표를 받아 보면 손절매도 못 하고 필살기도 없고 절실한 마음도 없는데 10년 이상 주식투자를 계속하고 있는 개인투자자들이 많다. 그런 투자자들은 제도적으로 주식투자를 하지 못하게 규제하는 것이 좋다. 습관처럼 혹은 '언젠가'라는 마음으로 주식시장을 떠나지 못하는 것이지만 오히려 주식시장을 떠나는 것이 본인에게는 득이 된다.

자산관리는 포트폴리오를 짜고 분산투자를 하는 것만이 자산관리가 아니다. 100을 120 혹은 150으로 만드는 것만이 자산관리가 아니다. 100을 90이나 50이 되지 않게끔 관리하는 것도 중요한 자산관리다. 매매 진단표 작성을 통해 자신의 매매 현주소를 인지하고 바람직한 자산관리와 주식투자를 했으면 하는 바람이다.

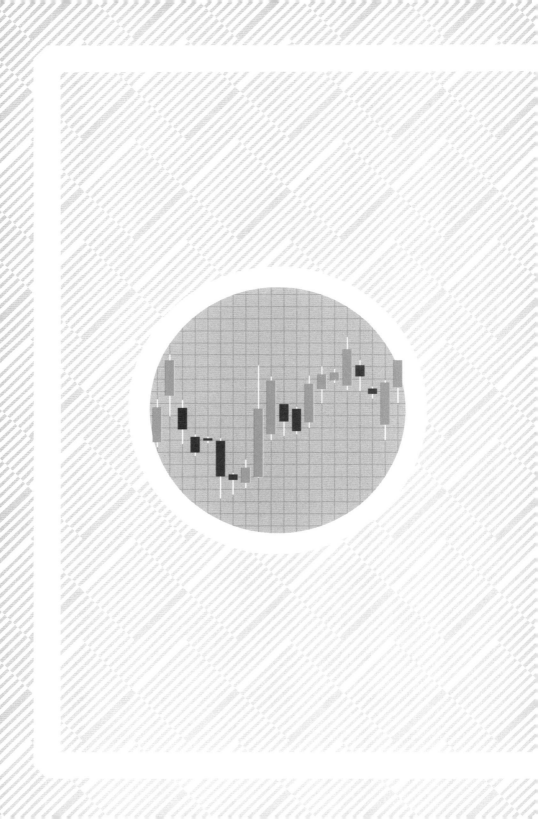

제 **6** 장

주식 실전매매

최고수 지난 시간까지 매매원칙과 관련된 내용을 같이 이야기했습니다. 앞으로 2주 동안 주식 실전매매와 관련된 22개 항목에 대해 살펴보도록 하겠습니다.

고가주에 베팅한다

최고수 고가주는 기관투자자나 외국인들이 선호하는 평균 3~5만 원 이상의 가격이 비싼 종목을 의미합니다. 반대로 저가주는 개인투자자들이 유독 선호하는 1만 원 이하의 주식을 의미합니다. 산전수 님이 보유하고 있는 종목 중 가장 비싼 주가는 얼마 정도입니까?

산전수 그러고 보니 3~5만 원 이상의 주식은 매수해본 기억이 없네요. 지금 보유하고 있는 주식도 1만5천 원대가 가장 비싼 주식입니다. 나머지 주식은 대부분 5천 원 미만인 것 같습니다.

최고수 저가주 위주로 매매하는 특별한 이유가 있습니까?

산전수 한 종목을 살 때 몇만 주는 아니더라도 몇백 주 이상은 사야 하는 거 아닙니까? 그리고 그런 저가주는 잘만 잡으면 금세 1~2

만 원대는 갈 것 같은데요.

최고수　개인투자자들은 액면가 이하의 1~2천 원대의 저가주를 무척이나 좋아합니다. 이유는 산전수 님이 말씀하셨듯이 1~2천 원대의 종목은 잘만 잡으면 10배 이상인 1~2만 원대까지 급등할 수도 있다고 기대하고, 5만 원 이상 혹은 10만 원 이상의 종목은 1만 원, 2만 원 오르기도 힘들다고 생각하기 때문이죠.

반대로 1천 원짜리 주식은 하락하더라도 5~6백 원 밑으로는 가지 않을 것이라는 생각을 합니다. 하지만 5~6만 원대 주식은 1만 원대까지 쉽게 밀릴 것 같아 부담스럽게 느낍니다.

기전업　개인투자자들이 저가주를 선호하는 것은 일종의 착시현상일 수 있다는 뜻인가요? 즉 기왕이면 10주 50주보다는 500주 1,000주를 보유하고 싶어하는 수량의 자기만족과 가격대에 따른 심리적 영향 때문이라는 말씀이시죠?

최고수　주식투자는 내 마음을 편안하게 하기 위한 수단이 아니라 냉철한 수익률 게임입니다. 고가주를 매입하고 저가주를 피해야 하는 구체적인 이유는 크게 3가지입니다.

첫째, 3~5만 원 주식이 10만 원 이상으로 급등할 확률은 1천 원 주식이 2~3배 오르는 것만큼 낮지 않습니다. 또한, 손절 원칙만 지킨다면 20만 원 주식이 5~6만 원까지 하락할 것을 두려워할 필요도 없습니다.

2015년 테마의 중심에 있었던 바이오주의 대장인 한미약품도 2015년 초 10만 원 선에서 80만 원 이상으로 급등한 종목입니다.

둘째, 비싼 종목은 비싼 이유가, 싼 종목은 싼 이유가 있습니다. 일 년 평균 20~100개 종목이 상장폐지 되는데 대부분이 액면가 이하에서 거래된 후 상장폐지가 됩니다. 지금은 유안타증권으로 사명이 바뀐 동양증권의 경우 10대 증권사 중의 하나였음에도 불구하고 2010년 1만 원대 가격을 형성한 후 2011년 1만 원 붕괴 후 지속해서 가격이 하락했습니다. 그 당시 종금 라이센스가 만료되고 회사의 인재들이 대거 이탈했으며 동양그룹의 부담감이 서서히 작용하기 시작했습니다. 가격이 하락하는 데는 다 이유가 있었습니다. 결국, 동양 사태로 2천 원 초반까지 급락하고 말았습니다.

셋째, 실제로 1천 원 저가주를 산 후 1만 원이 되더라도 10배 수익이 될 때까지 기다리며 1만 원에 팔고 나오는 개인투자자는 거의 없습니다. 2~3배 수익을 챙기고 나오기도 쉽지 않습니다.

과도한 욕심과 이룰 수 없는 환상에 빠져서 저가주를 매입하기보다는 이미 주식가격으로 회사의 실적을 입증해주고 오를 만한 이유가 있어 오르고 있는 주식에 관심을 가져야 합니다.

●● *비싼 종목은 비싼 이유가 있고*
싼 종목은 싼 이유가 있다.

▶ 유안타증권 차트

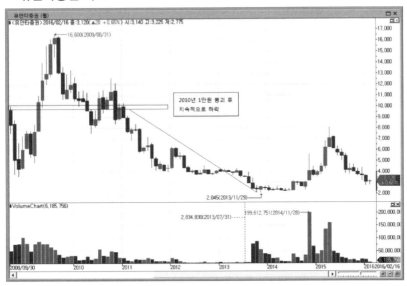

몰빵투자는 위험하다

최고수 자사주님은 자신이 잘 아는 주식 위주로 투자하기 때문에 많은
종목을 보유하고 있지는 않죠?

자사주 많아도 3종목을 넘지 않습니다. 투자 금액도 많지 않기 때문
에 여러 종목에 분산해봐야 수익이 크지 않아 1~2종목에 집
중해서 투자합니다.

최고수 분산투자는 위험만 분산시키는 것이 아니라 수익도 분산시키
는 결과를 낳죠. 적은 투자 금액으로 수익의 극대화를 꾀하기
위해서는 1~2종목에 집중해서 투자하는 것이 맞습니다. 또한,
금융시장은 적게 깨지고 크게 버는 게임이라는 측면에서 몰빵
투자도 운용하기에 따라서는 괜찮은 전략이 될 수도 있습니다.
그러나 몰빵투자에는 큰 허점이 있습니다.
자사주 님은 몰빵투자한 종목을 원칙대로 손절하고 나오시는

지요?

자사주   확실한 정보를 가지고 베팅한 만큼 손절을 거의 하지 않습니다. 지금 보유하고 있는 종목들도 손실이 제법 커서 그냥 들고 있는 상태입니다.

최고수   자사주 님의 경우처럼 한두 종목의 몰빵투자는 종목에 대한 집착으로 이어지게 됩니다. 주식시장에는 늘 예측할 수 없는 변수가 도사리고 있습니다. 한두 종목에 올인하는 투자는 그만큼의 집착과 욕심이 과하게 반영된 것이니만큼 악재와 뜻하지 않는 손실 시 적절하게 대응하지 못하게 됩니다.

강초보   그렇다면 저같이 1~2천만 원으로 투자하는 소액 투자자들도 몰빵투자 대신에 분산투자를 해야 한다는 말입니까? 그렇게 분산투자해서 언제 목돈으로 불릴 수 있습니까?

최고수   초년시절 제 자금을 투자할 때 욕심과 조급증 때문에 원칙을 어기고 전략을 무시할 때마다 보던 표가 있습니다. 당시 저도 1천만 원으로 투자를 시작했습니다. 매년 30% 수익을 올려서 1천만 원이 10년 후에 1억3천만 원을 넘고 15년이면 5억을 넘는 수익표 입니다.
비록 1천만 원이 적은 돈으로 느껴졌지만 매년 복리로 30% 수익을 내면 10년, 15년 후에는 엄청나게 큰 수익이 됨을 표로 확인하고 싶었습니다.
주식으로 돈을 벌지 못하는 것은 여유자금이 부족해서도, 시간이 없어서도 아닙니다. 바로 실력이 없기 때문임을 알아야 합니다. 주식시장은 한 방이 아니라 꾸준히 수익을 쌓아나가는 투자라야 장기간 시장에 살아남을 수 있습니다.

1천만 원 투자	30% 수익	50% 수익
1년 후	13,000,000	15,000,000
2년 후	16,900,000	22,500,000
3년 후	21,970,000	33,750,000
4년 후	28,561,000	50,625,000
5년 후	37,129,300	75,937,500
6년 후	48,268,090	113,906,250
7년 후	62,748,517	170,859,375
8년 후	81,573,072	256,289,063
9년 후	106,044,994	384,433,594
10년 후	137,858,492	576,650,391

* 30%, 50% 복리 수익표

●●● 주식투자는 한 방이 아니라 축적이다.

보유 종목 수를
늘리지 않는다

최고수 백화점식 투자는 적게는 7~8종목, 많게는 10여 개 이상의 종목을 보유하는 것을 말합니다.

강초보 제도권의 펀드매니저들은 몇십 종목의 주식을 운용하지 않습니까?

최고수 연기금을 비롯해서 자산운용사 펀드매니저의 경우 자금의 규모에 따라 수십 종목의 주식을 보유합니다. 하지만 펀드매니저 혼자 그 많은 종목을 운용하고 관리하는 것이 아닙니다. 애널리스트가 종목의 옥석을 가려 상승 가능성이 높은 종목을 선정합니다. 그중 펀드매니저가 가격과 타이밍을 보고 매입합니다. 그러면 리스크 관리팀과 전략팀 등이 사후 지속적인 관리를 같이합니다. 그러나 개인투자자는 혼자서 종목을 매입한 후 지속해서 관리하고 대응해야 합니다. 물리적으로 쉬운 일이 아닙니다.

백치미 저도 보유 주식이 10종목이 넘다 보니 혼자서 관리가 잘 안 됩니다. 매일 종목들의 가격은 확인하지만 세세한 정보와 움직임까지 살피기에는 좀 힘드네요.

최고수 그보다 백화점식 투자가 더 좋지 않은 이유는 보유 종목이 수익이 발생해서 목표가격까지 기다리는 종목이 아니라는 데 있습니다. 대부분의 종목을 손절매하지 못해 어쩔 수 없이 가지고 있는 경우가 많습니다. 그런 종목은 관리라기보다는 팔지 못해 들고 있는 종목밖에 되지 않습니다.

강초보 그럼 개인투자자들은 몇 종목 정도를 보유하는 것이 좋습니까?

최고수 절대적인 기준 자체는 없습니다. 투자자들의 성향에 따라 2~3종목이 적합할 수도 있고 7~8종목이 적합할 수도 있습니다. 자신의 투자스타일과 성향에 맞게 보유하면 됩니다. 다만 평균적으로는 4~5종목이 관리하기 좋습니다.

●●▦ *관리 가능한 종목 수만 보유해라.*

투자자금 중 일정 부분은
꼭 현금을 보유한다

최고수 산전수 님은 주식과 현금의 비중이 어떻게 됩니까?

산전수 현금을 들고 있던 기억이 별로 없습니다. 현금을 가지고 있으면 왠지 마음이 불안해집니다. 다른 사람들은 좋은 주식을 사서 다들 벌고 있는데 나만 벌지 못하는 것 같아 바로바로 주식을 삽니다.

나왕년 사자마자 후회하는 경우가 많지만, 주식에 투자할 돈인데 현금을 들고 있어야 할 이유가 있습니까? 금리가 낮아져서 예탁금 이용료도 거의 없습니다. 주식투자를 하지 않을 바에야 차라리 펀드라도 투자하는 것이 낫지 않습니까?

최고수 총알을 다 쏘면 결정적 순간에 총을 쏠 수가 없습니다. 주식시장에서 가장 중요한 것은 자산을 유지하면서 시장에 살아남아 있는 것입니다. 살아 있다 보면 조금은 쉽게 수익을 낼 수 있는 상승추세를 경험하거나 미인주를 발굴할 수도 있습니다. 그럴 때 만약 현금이 없다면 그것은 그림의 떡일 뿐입니다.

강초보　현금 보유는 절대적인 기회가 왔을 때 그 기회를 잡기 위해 필요한 거군요?

최고수　절호의 기회를 잡기 위해서도 필요하지만, 평상시에 주식을 운용할 때도 현금 비중을 적절하게 조절하면서 베팅해야 합니다. 일종에 운용의 묘라고 할 수 있습니다.

즉 상승추세에는 100% 가까이 투자하고 하락추세에는 현금만 들고 있어야 할 때도 있습니다. 간혹 상승추세인 듯싶으나 자신이 없으면 60~70%만 주식을 보유하고 만약 하락추세가 좀 더 진행될 것으로 생각되면 30% 전후만 주식을 보유하는 것이 좋습니다.

산전수　2016년에는 현금 비중을 어느 정도 가져가는 것이 좋을까요?

최고수　이미 노출된 악재는 악재가 아니라는 말이 있습니다. 그러나 미국 금리인상을 과거의 사례와 동급으로 취급할 수는 없습니다. 미국 금리인상 가능성이 대두되던 2015년 6월 이후로 주식이 한 차례 급락했듯이 금리인상이 현실화되면 추가 하락 가능성이 높습니다.

침체의 늪에서 빠져나오지 못하고 있는 중국 경기가 2016년에도 개선될 기미가 안 보여 국내 증시를 낙관적으로 보기는 더

욱 힘듭니다. 선방한다고 할 때 코스피지수는 2,000P 선에서 박스권을 형성하거나 어쩌면 한 단계 하락할 수 있습니다. 따라서 현금 비중을 50% 이상으로 늘려야 할 때가 아닌가 싶습니다.

기전업 자본 유출과 부동산 시장을 같이 살펴야 하는 우리나라로서는 미국이 금리를 올린다고 무작정 쫓아서 올릴 수도 없고 이래저래 진퇴양난이죠.

최고수 투자기관에는 '포트폴리오 매니저'가 있습니다. 포트폴리오 매니저는 관리하는 총자산을 주식, 부동산, 채권 등에 얼마의 비중으로 투자할지 결정하는 일을 합니다. 아마 일반투자자들도 예금, 펀드, ELS 등 간접투자와 주식 등 직접투자에 적절히 자산을 배분했을 겁니다. 그중 주식에 일정 부분을 배정해서 투자하게 되면 무조건 100% 주식을 가지고 있어야 하는 것으로 생각하는 경우가 많습니다. 그러나 주식에 배정된 모든 자금을 늘 100% 투자해서는 안 됩니다. 기회가 왔을 때 그 기회를 잡기 위해서는 현금을 늘 보유하고 있어야 합니다.

●● *현금을 보유해야*
결정적 기회를 잡을 수 있다.

미수, 신용은
깡통의 지름길이다

최고수   미수나 신용거래는 일종의 빚을 내서 투자를 하는 방법입니다. 물론 부채도 자산의 일부입니다. 또한, 레버리지 효과를 발휘하고 저금리 시대에 현금 흐름을 활용한다는 측면에서는 긍정적이긴 합니다.

다만 주식투자의 경우 미수나 신용거래는 과도한 욕심에 기인한 바가 큽니다. 또한, 가격하락 시 일정 수준까지 밀리게 되면 반대매매로 강제 정리되기 때문에 조금만 가격이 하락해도 심적으로 크게 쫓겨서 버티는 데 한계가 있습니다.

산전수   제 지인이 2006~2007년 2천만 원 미수로 투자를 시작해서 2008년 초에 10억 가까이 자산을 불렸습니다. 그때 잠실에 아파트를 살까 고민하다가 한 종목만 더 베팅하기로 하고 미수를 질렀습니다. 하지만 2008년 하반기 외환위기로 증시가 급락하며 그 종목도 연속 하한가를 맞고 결국 깡통 차고 빚까지 지게 되었습니다. 그때 미수가 참 무서운 거구나를 새삼 느꼈습니다.

최고수 미수나 신용거래로 수익이 발생하더라도 산전수 님이 예를 든 것처럼 그것이 오히려 독이 될 수 있습니다. 작은 수익에 그쳤을 베팅이 미수나 신용거래로 큰 수익을 내면 그 유혹에서 쉽게 빠져나올 수 없습니다. 그러면 그다음 베팅 때도 종목의 옥석을 가리지 못하고 늘 미수나 신용거래를 하게 되고 그러다 언젠가는 한 번 최악의 덫에 걸리게 되어있습니다.

백치미 그래도 손실을 빨리 회복하기 위해서는 미수와 신용을 적절하게 활용할 필요도 있지 않나요?

최고수 바로 그 점이 위험합니다. 큰 수익을 내던 투자자가 갑자기 무리해서 미수나 신용거래를 하지는 않습니다. 기존의 손실 폭이 큰 투자자가 그 손실을 단기간에 메워보려는 조급증에 미수나 신용거래를 하는 경우가 많은데 이렇게 쫓기는 마음 상태로 주식투자를 한다면 지고 시작하는 것과 같습니다.

강초보 투자 금액이 얼마 안 돼서 신용으로 주식투자를 하려고 했는데 잘못된 생각이었네요.

최고수 초보투자자들이 처음 주식투자를 할 때 절대로 해서는 안 될 것이 3가지 있습니다. 자칫 좋지 않은 습관이 들면 나중에 고치기 힘들기 때문입니다. 첫 번째가 물타기입니다. 한 종목으로 주식투자를 마감할 수도 있습니다. 두 번째가 주식 방치하기입니다. 손절도 하지 못하고 손실 폭이 커져서 무작정 들고 가는 겁니다. 세 번째가 빚내서 하는 투자입니다. 대출을 받아 주식 투자를 하는 경우뿐만 아니라 미수·신용 등으로 거래하는 경우도 포함됩니다.

●●● 빚으로 하는 주식투자는 독이 든 성배다.
미수나 신용거래는 하지 마라.

전문가를 맹신하지 않는다

최고수 아무래도 개인투자자들은 정보가 부족하고 종목에 대한 분석도 자신 없어서 소위 주식 전문가라고 자칭하는 사람들의 의견을 맹신하는 경우가 많습니다. 강초보 군이 보기에는 제가 전문가처럼 보이죠?

강초보 강사님이 주식 종목을 추천해 준다면 내일이라도 당장 살 것 같습니다.

최고수 제가 지금 주식 종목을 추천해도 여러분들이 사지 말아야 할 이유는 크게 2가지입니다.
첫 번째, 사내 기밀 같은 진짜 고급정보가 있거나 어렵게 발굴한 급등종목이 있습니다. 그러면 냉정하게 말해서 저 혼자 알지 제가 여러분에게 알려줄 이유는 없습니다. 제가 여러분에게 빵긋하는 순간 다른 사람에게 알리고 그 사람들이 또 다른 사람들에게 알려서 주식이 이상한 방향으로 흐를 수도 있기 때문입니다. 그래서 제가 여러분에게 알려 주는 주식은 충분히 수익이 나서 이제 슬슬 팔 때가 되었거나 긴가민가한 종목들일 가능성이 큽니다.

두 번째는 설령 지금의 만남을 남다른 인연으로 생각해서 한 종목 정도는 가르쳐 드릴 수 있습니다. 그렇지만 그 후의 피드백에는 한계가 있습니다. 오를 거라 확신해서 추천했지만, 악재가 나와서 저는 중간에 정리할 수도 있습니다. 그럴 때마다 제가 일일이 여러분에게 전화해서 알려줄 수는 없습니다.

나왕년 2달 전쯤 친구에게 한 종목을 추천받은 적이 있습니다. 연기금에 다니는 동생이 기관에서 본격적으로 매수할 예정이니 조용히 사라고 했다고 했습니다. 그 친구는 1만4천 원에 매수했다고 하는데 가격을 보니 2만 원대 후반이었습니다. 만약 1만4천 원에 귀띔해 주었다면 살 의향이 있었지만 이미 2만 원대 후반까지 상승한 상태여서 매수를 하지 않았습니다. 또한, 서서히 탄력을 잃고 있는 바이오 관련주였기 때문에 찜찜한 마음도 있었습니다. 이후 3만 원대까지 반등했다가 지금은 1만5천 원대에 멈춰있습니다.

최고수 전문가라 자칭하는 사람이 추천하는 주식이 있다면 2가지를 검토해 봐야 합니다. 첫째는 전문가라 자칭하는 사람이 실제 주식시장에서 10년 이상 꾸준히 수익을 쌓은 몇십억 혹은 몇백억 대의 자산가인가입니다. 어디서 고급정보를 들었다거나 주식에 해박한 지식을 가지고 있어 마치 주식시장에 대해 모르는 것이 없는 것 같이 행동하는 사람은 주식에서 돈을 버는 전문가가 아닙니다.

두 번째, 그 전문가가 추천한 주식이 어느 정도 상승했느냐입니다. 혹여 내가 매수했을 때 고점에 물량을 받치는 역할을 할 수도 있기 때문입니다. 나왕년 님이 예로 든 경우가 여기에 해당합니다.

강초보 전문가를 맹신하지 말라는 이야기는 매매원칙에 있던 자립심의 항목과 일치하는 것 같습니다.

최고수 맞습니다. 자립심의 항목에 포함될 수 있습니다. 전문가를 맹신하는 것은 손실이 발생했을 때 그 잘못을 탓할 대상을 쉽게 찾을 수 있게 되고 전문가도 이리 주식을 못 맞추는데 나도 어쩔 수 없다는 자기 합리화의 시작이 될 수 있습니다.

●●● *전문가의 의견은 참고만 해라.*
진짜 고수는 혼자 돈을 벌며
뒤에서 조용히 웃고 있을 뿐이다.

작전주는 쳐다보지 않는다

최고수 작전주를 쳐다보지 말아야 하는 이유는 여러 가지입니다. 작전
주라고 알려진 종목치고 내가 알았을 때 어느 정도 시세를 분
출하지 않은 종목은 거의 없습니다. 작전이 시작된다고 작전 초
기에 알게 된 종목치고 실제 작전주인 경우도 없습니다. 작전
주는 어렵게 얻은 정보라는 생각에 작은 수익에는 팔고 나오지
못합니다. 혹여 상당한 수익이 발생해도 더 갈 것만 같은 기대
감 때문에 쉽게 팔지 못합니다. 한 번 큰 폭의 급등을 경험했
던 종목이기 때문에 혹여 손실이 발생해도 손절매를 쉽게 할
수 없습니다.

이 밖에도 심리적으로 버티지 못하게 한다거나 한탕 심리만 키
우는 등 작전주를 하지 말아야 할 이유는 무궁무진합니다.

기전업 전업투자자이다 보니 작전주의 유혹이 많습니다. 2008년에 간
접적으로나마 작전에 가담한 경험이 있습니다. 불법이기도 하

지만 그때 작전주의 허실을 제대로 깨달았기 때문에 지금은 작전주에 관심조차 두지 않습니다.

강초보 뉴스나 영화에 나오는 것처럼 작전을 하나요?

기전업 1:30분에 호재가 발표된다고 하면 정확한 시간에 호재가 발표되며 급등했습니다. 호재가 없더라도 2시에 상한가까지 밀어붙인다고 하면 실제로 상한가까지 갔습니다. 저 역시 무척 신기하고 놀라웠습니다.

강초보 어떤 계기로 작전에 가담하게 되었나요?

기전업 가담했다기보다는 작전의 정보를 제공받았습니다. 그때 작전은 총 4세력이 연합해서 종목을 움직이고 관리했습니다. 소위 선수라 불리며 오피스텔 등에 모여 차트를 이용해서 시세를 조종하고 개인투자자들을 유혹해서 고점에 털고 나오는 전문가 집단이 있었습니다. 회사 내부 정보를 제공해주는 회사의 고위 관계자와 자금을 제공해주는 전주가 있고, 작전세력을 조사하는 경찰이 돈 욕심에 그들을 비호하며 같이 가담합니다.
저의 경우는 소위 선수라고 불리는 전문가 중의 한 명과 절친이어서 그 친구가 정보를 몰래 보내줬습니다. 물론 제 자금 안에 그 절친의 자금도 반이 포함되어 있었죠.

강초보 작전이 당연히 성공했겠네요?

기전업 성공할 줄 알았죠. 그러나 어느 순간부터 2시에 상한가를 간다고 하면 10~20분 전에 상한가를 가기 시작했고 물량을 턴다고 하면 그전에 급락하기 일쑤였습니다. 작전을 주도하는 분이 주주명부를 출력해서 확인해보니 작전에 관계된 사람들이 암암리에 자신 혹은 차명계좌로 매매를 하고 있었던 겁니다.

소위 명분이나 의리에 의해 뭉친 것이 아니라 돈에 의해 뭉친 집단이기 때문에 각자가 자신의 배당을 받고 작전을 마무리하려고 하지 않았습니다. 바보가 아니기 때문에 서로 자기 돈을 더 벌겠다고 자신의 돈을 투입했던 거죠. 그 친구와 저의 경우처럼 말이죠. 그렇게 작전은 실패로 끝났습니다. 그리고 곧바로 외환위기가 와서 주식시장이 급락하는 바람에 다들 어디론가 흩어졌습니다.

(참고: 위의 사례는 2008년 실제 작전을 했던 '선수'와 인터뷰한 내용이다.)

●●◦◦ *과정이 좋지 않다면 결과가 좋을 수 없다.*
작전주의 달콤한 유혹에 넘어가지 마라.

유행을 추종하지 않는다

최고수 유행을 추종하지 않는다는 것은 그 당시 유행하는 매매기법이나 전략을 추종하지 않는다는 것을 의미합니다.

주단타 어떤 매매전략이 유행한다는 것은 그 전략이 돈을 벌어준다는 것을 의미하는 거 아닙니까? 당연히 유행할 때 빨리 투자해서 같이 돈을 벌어야 하지 않습니까?

최고수 이미 내 귀에 들어왔을 때는 한물간 전략일 수 있습니다. 혹여 일찍 그 전략을 안다 하더라도 돈을 버는 것은 다른 이야기입니다. 예를 들어 한때 상한가매매, 외국인 쫓아 하기의 수급매매, 엘리엇 파동의 기술적 분석법 등이 유행한 적이 있었습니다. 그러나 그 전략들로 돈을 번다고 소문이 났을 때는 이미 돈을 벌기 어려워졌거나 단순한 전략이 아닌 고도의 스킬이 필요한 복잡한 전략으로 변한 후입니다.

산전수　제가 음식점을 경영하다 보니 제 주변에도 자영업을 하는 지인들이 많습니다. 이 바닥도 시기에 따라 유행을 타는 업종이 있습니다. 그러나 영원할 것 같은 업종도 1~2년이 지나기 전에 언제 그랬냐는 듯이 시들해 버릴 때가 많습니다. 그러면 유행하는 업종을 쫓아 개업한 자영업자들은 큰 낭패를 보곤 합니다.

최고수　인테리어 비용, 권리금 등을 고려하면 단기간 유행하는 업종보다는 최소 10년 이상 꾸준히 지속할 수 있는 유행을 타지 않는 업종이 더 좋을 수 있습니다. 주식시장의 전략도 마찬가지입니다. 유행한다고 해서 쉽게 돈을 벌 수 있는 전략이 아닙니다. 주식시장이 변하면 그 전략으로 돈을 버는 것은 더욱 요원해집니다.

강초보　그럼 유행하는 전략들은 못 본 체해야 합니까?

최고수　유행하는 전략에 관심을 가지는 것은 중요합니다. 다만 무작정 쫓아 하기보다는 유행하는 전략의 핵심 본질을 파악하는 것이 우선시되어야 합니다. 즉 상한가매매는 재료의 강도 분석과 상승하는 종목을 쫓아가야 한다는 전략으로부터 비롯됩니다. 수급매매는 개인보다는 외인이나 기관의 수익률이 월등히 높다는 점을 응용한 전략입니다. 엘리엇 파동은 상승과 조정이 일정 비율로 형성된다는 점에 착안한 것입니다. 이런 핵심 본질을 바탕으로 나만의 새로운 전략으로 승화시켜야 합니다.
4주차에 잠시 언급했던 일목파동법은 한때 유행하던 일목균형표에 파동을 접목시켜 저만의 전략으로 새롭게 탄생시킨 전략입니다. 벌써 20년이 다 되어가지만, 저의 중요한 전략으로 지금도 매매에 활용하고 있습니다.

●●●▪ 유행하는 전략이 아닌
그 전략의 핵심 본질을 파악하는 데 주력해라.

시장 주도주와
업종 대장주를 매수한다

최고수   개인투자자들이 시장 주도주나 업종 대장주를 매수하는 경우
는 거의 없죠. 처음부터 그런 종목들은 외국인투자자나 기관
투자자의 몫이라고 생각하는 개인투자자들도 있습니다.

산전수   그런 종목들은 가격이 비싼 경우가 많아서겠죠. 자금도 넉넉하
지 않기 때문에 몇백 주 사기도 쉽지 않고요.

백치미   대장주들은 이미 많이 올라서 쫓아 사기가 부담스럽습니다. 차
라리 같은 업종이라면 덜 오르고 가격도 싼 주식을 사는 게 마
음이 편합니다. 또한, 덜 오른 종목이기 때문에 대장주만큼 오
르겠지라는 기대감이 있기도 하고요.

최고수   주식 경험이 어느 정도 있으면 아시겠지만 어떤 업종이 오를
때 대장주는 더 많이 오르고 하락할 때는 덜 하락합니다. 결

국, 현실적으로 대장주를 잡아야 함을 알지만, 심적으로 쫓아가지를 못할 뿐입니다. 모든 일이 늘 그렇지만 처음만 힘든 경우가 많습니다.

여담 한마디 하겠습니다. 저는 어려서부터 체격이 작은 편이었습니다. 제가 어릴 때는 요즘과 달리 참 싸움을 많이 했습니다. 그때 체격이 작다는 이유만으로 저를 얕잡아 보고 괴롭히려는 친구들이 꼭 있었습니다. 그래서 학기 초에 맨 처음 한 일은 덩치가 큰 친구와 한번 붙는 겁니다. 얻어터지든 때리든 일단 죽기 살기로 싸우고 나면 그때부터는 반 친구들이 먼저 시비를 걸지 않았습니다. 괜히 괴롭히거나 시비를 걸어봐야 자기한테 좋을 것 없다는 것을 봤기 때문이죠. 그러면 최소 1년은 편안하게 학교생활을 할 수 있습니다.

대장과 붙어야 합니다. 주식도 마찬가지입니다. 자잘한 종목들은 수익도 나지 않고 오히려 피곤해질 수 있습니다.

기전업 주도주를 사야 하는 이유는 많죠. 주도주는 추세에 순응하는 매매고 비싸게 사서 더 비싸게 판다는 원칙에 부합되죠. 또한, 유동성이 많고 상승 탄력이 좋기 때문에 잃을 때 적게 잃고 수익 낼 때는 큰 수익을 거둘 수 있죠.

최고수 윌리엄 J 오닐이 『최고의 주식 최적의 타이밍』에서 언급한 주도주에 관한 이야기로 주도주는 마무리할까 합니다.

  '주도주는 상대적인 주가 강도를 통해서 판단할 수 있
  다. 만약 한 테마를 구성하는 종목군이 있다고 할 때는
  그 테마의 대장주를 사야 한다. 간혹 대장 중에서 2등

주로 주가 강도가 옮겨갈 수도 있다. 하지만 절대로 3
등주를 사서는 안 된다. 시세의 움직임은 대장주로 시
작해서 대장주로 끝나기 때문이다.'

●●● 주도주 매수는 추세에 순응하는 매매다.
상승 탄력이 좋고 비싸게 사서
더 비싸게 판다는 원칙에도 부합된다.

주식투자는
바이 앤 홀드 전략으로 임한다

최고수   전업투자자가 아닌 이상 주식이건 파생상품이건 단기투자로 접근하는 것은 한계가 있습니다. 전업투자자라 하더라도 주식은 단기매매가 아닌 중장기 전략으로 접근할 필요가 있습니다. 주식은 가격을 사는 것이 아니라 그 기업을 사는 것이기 때문입니다. 또한, 돌발변수가 아니라면 그 기업이 단기간에 큰 변화가 생길 가능성은 상당히 적기 때문에 단기적인 가격에 현혹되지 말고 중장기적으로 접근할 필요가 있습니다.

기전업   많은 개인투자자들이 바이 앤 홀드의 중장기 전략으로 종목을 매수했지만, 단기적인 출렁거림에 버티지 못하거나 작은 수익에 만족하고 단기매매로 전환되는 경우가 많은 것 같습니다.

나왕년   제 아들과 그 친구 녀석들이 허구한 날 게임만 하는 것을 보고 한심한 마음이 들었습니다. 그러나 젊은이들이 중독성 강한 게임에 빠져 허우적거리는 것을 보고 언젠가 게임관련주가 큰 시세를 낼 수도 있겠다는 생각을 했습니다.

그래서 PC에서 모바일로 게임이 옮겨갈 즈음에 모바일 게임 관련주에 관심을 갖기 시작했습니다. 운이 좋아서인지 그때 제 눈에 컴투스가 들어왔습니다. 추격매수이긴 하지만 2012년 중순에 2만7천 원대에 매수했습니다. 사자마자 2~3주 만에 급등해서 3만5천에 팔아버렸죠. 그 후 6만5천 원까지 올라갈 때 계속 들고 있었어야 했는데라며 많이 후회를 했습니다. 애초에 장기보유를 목적으로 매수했음에도 한 달도 못 돼서 팔아버렸기 때문이죠.

그러나 운 좋게 급락하며 2014년 초반에 다시 2만7천 원에 매수할 수 있었습니다. 그러나 이번에도 3만5천 원 선에서 1달 보름 이상 출렁거리자 더 이상 참지 못하고 3만2천 원에 정리하고 말았습니다. 차트에서 보듯 2015년 초에 18만 원 이상까지 급등하고 말았습니다.

지하철을 탈 때마다 많은 사람들이 핸드폰을 붙잡고 게임에 매달리는 것을 보곤 언젠가 한 번 컴투스도 큰 시세를 분출할 거라 확신을 했습니다. 그러나 2번씩이나 버티지 못해 큰 대박주를 놓친 것이 너무 아쉽습니다.

▶ 컴투스 차트

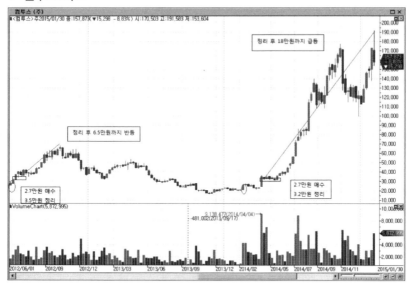

최고수　바이 앤 홀드는 매수 후 장기간 혹은 목표가격까지 보유한다는
　　　　　의미입니다. 가장 중요한 것은 본격적인 시세가 분출되기 전까
　　　　　지 보유하는 것이죠. 주식투자는 적게 손실을 보고 큰 수익을
　　　　　내는 것을 목표로 해야 합니다. 종목마다 차이는 있겠지만, 지
　　　　　속적인 호재가 기대된다면 몇 배의 수익을 기대하면서 기다릴
　　　　　수도 있어야 합니다. 그러기 위해서는 짧게는 3~6개월 길게는
　　　　　2~3년을 기다리는 습관을 들일 필요가 있습니다.

●● *주식투자는 가격을 사는 것이 아니라*
　그 기업을 사는 것이다.
　목표가격까지 기다려라.

남들과 반대의 길을 걷는다

최고수   많은 개인투자자들이 주변 지인들이 주식 하는 것을 보고 주식
투자를 하는 경우가 많습니다. 이 모임에 계신 분들도 상당수
가 이에 해당하는 것으로 알고 있습니다. 시작이 남들 때문이
다 보니 그 후 주식투자도 남들이 주로 사는 종목과 회자되는
종목에 초점이 맞춰지는 경우가 많습니다.

백치미   남들이 사는 것을 따라 사야 마음이 편하고 심적으로도 안정됩
니다. 벌든 못 벌든 남들이 말하지 않거나 관심 없는 종목을 들
고 있으면 괜히 왕따 당하는 기분이 들 때도 있습니다.

최고수   대중이 가는 길은 늘 화려해 보입니다. 그러나 주식시장에서의
화려함이란 불나방이 뛰어드는 불꽃과 다르지 않습니다. 워런
버핏은 "시장은 단기적으로 투표 계산기고, 장기적으로 저울이
다"라는 이야기를 했습니다.

투표 계산기라는 표현은 인기투표 하듯이 군중들이 추종하는 종목을 말합니다. 단기적으로는 대중의 인기에 따라 테마가 형성되고 몇몇 종목들은 대박주의 반열에 들 수 있습니다. 그러나 결국 저울이 표현하는 것처럼 주식은 가치를 따라가게 되어 있습니다. 더 중요한 것은 개인들이 그 화려함을 보고 쫓아 들어갈 때는 이미 끝물인 경우가 많다는 점입니다.

기전업 남들과 같이 투자하게 되면 벌어도 같이 벌고 터져도 같이 터지니까 외로움을 덜 느끼게 됩니다. 특히 주식 공부를 하지 않는 투자자들은 주식을 어렵다고만 생각하니 남들이 가는 길을 그대로 쫓아가는 것이 심리적으로 편할 수 있습니다.

최고수 남들과 반대로 가기 위해서는 자신에 대한 믿음이 있어야 합니다. 즉 주식 실력에 대한 믿음과 발굴한 종목에 대한 믿음이 있어야 합니다. 어느 분야든 전문가가 되기 위해서는 그 분야의 책을 최소 30권 정도는 정독해야 한다는 말이 있습니다. 본인이 주식시장에서 어느 수준까지 오를 수 있도록 기본적인 노력은 해야겠죠.

●●● 주식투자는 남들과 반대로 해야 한다.
그러기 위해서는 철저한 분석과 전략을 바탕으로 한
자신감이 전제되어야 한다.

여유자금으로만
주식투자를 한다

산전수   주식 진단에 대한 다른 항목들은 모두 수긍할 수 있습니다. 그
리고 반드시 필요한 항목이라는 데도 진심으로 동감합니다. 그
러나 여유자금으로만 주식투자를 하라는 항목은 이해하기 쉽
지 않습니다.

개인투자자치고 여유자금만으로 주식투자를 할 수 있는 사람
이 얼마나 되는지 궁금합니다. 젊은 친구는 결혼도 해야 하고
집도 마련해야 합니다. 중년층은 아이들 학자금과 결혼자금을
마련해야 하고 나중을 위해 노후자금까지 마련해야 합니다. 그
런데 언제 여유자금이 생겨서 주식투자를 한다는 말입니까?

최고수   먼저 여유자금의 성격을 정확히 규정할 필요가 있을 것 같습니
다. 산전수 님이 지적한 대로 여유자금을 모든 것이 완벽하게
준비된 후의 자금으로 규정한다면 주식투자를 할 수 있는 주
식투자자는 몇 안 되겠죠.

절대로 빚을 낸 돈이어서는 안 됩니다. 없어도 되는 돈, 당장 먹고 사는 데 지장이 없는 돈이라면 그 정도만으로 여유자금이라고 할 수 있습니다. 또한, 1~2년 내로 반드시 필요한 급전이어서는 안 됩니다. 그 돈이 없을 경우 생활에 큰 타격을 받는 돈이어서도 안 됩니다. 그렇지 않은 돈들을 여유자금으로 규정할 수 있습니다.

백치미 아이들 결혼 자금을 위해서 어느 정도 마련한 돈이 있습니다. 그중에 2~3천만 원은 없어도 아이들 결혼에 전혀 지장이 없습니다. 자기들이 알아서 하면 되니까요. 그 자금이 여유자금이 되겠죠.

자사주 상당히 주관적일 수 있겠네요? 저는 성과급으로 아내 몰래 주식투자를 합니다. 당연히 여유자금에 해당하겠죠.

기전업 사회적으로 양극화와 부익부 빈익빈 현상이 갈수록 심화되는 현실이 상당히 우려됩니다. 그러나 주식시장에서도 예외는 아닌 것 같습니다. 오히려 더 극심하게 나타나는 듯합니다. 마음이 편해야 심리적으로 끌려다니지 않는데 말이죠. 절대 잃어서는 안 되는 돈은 결국 잃게 되는 법 아니겠습니까?

최고수 여유자금으로 매매를 해야 주식 진단표에 있는 다른 항목들도 충족시킬 수 있으며 중장기적으로 전략을 짜고 조급하지 않게 나만의 전략에만 충실할 수 있습니다. 그래서 최대한 여유자금으로 주식투자를 해야 합니다.

절대 잃어서는 안 되는 돈은 반드시 잃게 되어 있다.
여유자금으로 여유 있게 투자해라.

주식과 결혼하지 않는다

최고수 주식을 한 번 사면 절대 팔지 않는 것을 '주식과 결혼한다'고 표현합니다. 그러나 한국에서도 3쌍 중의 1쌍은 이혼한다고 합니다. 결혼했다고 평생을 같이하는 사람은 2/3밖에 안 되지만 주식시장에서는 그 비율이 더 높은 것 같습니다.

자사주 제 나이 때가 사주에서 삼재가 든 시기라고 합니다. 그래서인지 제 주변 친구들에게 유독 큰 사건, 사고가 많습니다. 의처증 증세가 있는 친구가 아내의 이혼요구를 무시하다 그 아내가 손목을 긋고 나서야 이혼을 했습니다. 그 전에 헤어졌다면 아이들 앞에서 그 험한 꼴을 안 보여도 되었을 것을 끝을 보고서야 헤어지게 되었습니다.

최고수 주식도 손절매 가격을 넘어서 급락하는 것은 주식이 헤어지자고 하는 신호입니다. 이때 갈라서지 않으면 큰 상처만 남기고 헤어지거나 같이 산다 할지라도 무의미한 결혼 생활이 될 뿐입니다.

강초보 한 번 산 주식을 팔지 못하고 결혼을 하는 이유는 무엇입니까?

최고수 쉽게 팔지 못하는 이유는 여러 가지입니다. 본인이 분석하고 연구한 종목이라면 '어떻게 발굴한 종목인데 절대 손해 보고 팔 수 없다'고 생각합니다. 누군가의 추천 정보를 듣고 매수한 종목이라면 언제가 그 정보가 반영되어 급등할 것이라는 기대감을 놓지 않습니다.

상승을 맛봤던 종목은 다시 그 가격 근처까지는 반등할 것 같아 팔기 아쉽습니다. 하락만 했던 종목도 나하고 안 맞는 종목이라는 생각보다는 '이제는 오르겠지'라는 막연한 기대감으로 팔아야 할 시점을 놓치고 맙니다. 이미 손절매 타이밍을 놓친 종목은 무덤까지 가지고 간다는 생각으로 들고 있습니다. 다시 반등하겠지라는 마음보다는 이제는 어찌해볼 도리가 없어 보유하고 있을 뿐입니다. 이런 이유들 때문에 주식과 결혼하게 됩니다.

강초보 자사주 님이 예를 든 것처럼 주식과 결혼해봐야 그 끝이 좋을 수 없다는 거죠. 정리할 때는 깨끗이 정리해야 할 필요가 있을 것 같습니다.

●●■ *주식 종목과 운명을 같이 하지 마라.*
    헤어질 신호를 무시하면 더 큰 상처만 남는다.

최저가매수와
최고가매도를 노리지 않는다

최고수 '무릎에 사서 어깨에 팔아라' '생선의 머리와 꼬리는 고양이에게 줘라.' 등의 주식 격언들이 있습니다. 추세를 확인하고 매수한 후 추세가 꺾이는 것을 확인하고 팔라는 대표적인 격언입니다.

백치미 바닥에 매수해서 천장에 팔면 수익이 훨씬 많을 텐데요?

최고수 이론적으로야 바닥에 사서 천장에 파는 것이 무릎에 사서 어깨에 파는 것보다 수익이 좋습니다. 그러나 '바닥은 길고 천장은 짧다'는 격언처럼 바닥에 매수하려고 하면 요동치는 시세에 매수 타이밍을 잡기 어렵습니다. 설령 바닥에 매수했다 하더라도 위아래로 출렁거리며 심적으로 심한 갈등을 겪기 때문에 견디기가 쉽지 않습니다. 견딘다 하더라도 오랫동안 버티며 큰 추세의 수익을 내기보다는 짧은 수익에 만족하며 팔고 나오는 경우가 많습니다.

백치미 어깨라고 생각하고 팔았는데 어깨가 아니면 어떻게 하죠? 제가 판 시점부터 날아가 버리면 어떻게 하죠?

산전수 상승추세가 끝났다고 판단하고 정리했는데 팔자마자 다시 급등해서 직전고점을 뚫고 추가 반등하는 경우가 있습니다. 그럴 때마다 '내가 왜 팔았을까?'라는 지독한 후회가 밀려옵니다. 그리고 어떨 때는 이러다 2~3배 더 올라가는 거 아냐라는 생각에 쫓아서 매수할 때도 있습니다. 물론 쫓아서 매수하면 조금 오르는 듯싶다가 거기가 꼭지일 때가 많지만요. 이럴 때 정말 주식투자 하기 싫습니다.

최고수 그래서 주식이 어려운 거죠. 말은 참 쉽습니다. 무릎에 사고 어깨에 팔아라. 그러나 내가 샀을 때가 무릎이고, 내가 팔았을 때가 어깨였는지는 일정 시간이 흘러 시세가 변한 다음에야 알 수 있습니다. 여기서 말하는 핵심은 바닥과 천장을 쫓는 매매보다는 무릎과 어깨에 사고팔려는 전략이 장기적으로 효과적이라는 것입니다.
즉 바닥에 잡으려다 자칫 바닥 아래 지하실까지 밀려서 떨어지는 칼날을 잡는 우를 범할 수 있습니다. 꼭지라고 생각해서 급등하는 시세에 팔았는데 판 가격부터 다시 급등하게 되면 그 종목을 놓치게 됩니다.

백치미 바닥과 천장을 잡으려는 노력보다는 무릎에 사서 어깨에 팔려고 하는 것이 수익률 면에서도 낫다는 말씀이시죠?

최고수   수익률 면에서도 월등히 좋습니다. 또한, 대원칙을 바꾸기 시작하면 원칙 자체가 무너질 수 있습니다. 대원칙 내에서 전략과 매매기법을 수정해줘야 합니다. 즉 어깨라고 해서 팔았는데 다시 직전고점을 뚫고 가면 다시 매수 가담할 수 있습니다. 그 시점부터 다시 큰 수익을 거둘 수 있고 물론 쌍천장을 찍고 다시 밀리게 되면 손절매할 수도 있습니다. 이런 식으로 전략들을 수정해줘야 한다는 겁니다.

여기가 무릎이고 여기가 어깨라는 것은 자신의 분석과 나름의 노하우에 따라 판단할 문제입니다. 아직 실력이 안 되었다면 당연히 시행착오를 겪는 것이고 어깨라고 생각했는데 허벅지일 수도 있지만 그러면서 조금씩 실력을 발전시킬 수 있습니다. 그러나 바닥에서 잡고 천장에서 팔려고 하면 실력의 향상을 가져올 수 없습니다.

주식투자는 자신의 노력과 분석에 따라 반반의 확률을 60~70% 이상으로 올리는 게임입니다.

●● _최저가에 매수하면 무릎에도 팔지 못한다._
  무릎에 사야 어깨에 팔 수 있다.

수익이 발생하면
목표가격까지 보유한다

최고수   제가 기존에 쓴 책에서 발췌해서 퀴즈를 하나 내도록 하겠습니다. 여러분이 축산업에 종사하고 있다고 가정하고 70kg짜리 송아지를 각각 1백만 원에 2마리를 사서 키운다고 해봅시다. 3개월 후에 한 마리는 건강하게 잘 자라서 100kg까지 성장했고, 한 마리는 병에 걸린 것도 아닌데 잘 먹지도 않고 비실비실하여 오히려 몸무게가 50kg으로 줄어들었습니다. 이때 급전이 필요해서 한 마리를 팔아야 한다면 어떤 소를 파시겠습니까?

백치미   일단 잘 자란 소를 팔고 비실거리는 소를 제대로 키워서 제값에 팔아야 하는 거 아닐까요?

최고수   추가 설명하겠습니다. 건강하게 잘 자란 소는 시장에서 150만 원에 팔 수 있고, 비실거리는 소는 손해를 보고 70만 원에 팔아야 합니다. 그러나 전자의 소는 더 키워서 팔면 300만 원도 받을 수 있지만, 후자의 소는 병약해서 언제 죽을지 알 수 없는 소입니다. 어떤 소를 파시겠습니까?

백치미   비실거리는 소를 팔아야겠죠. 더 받을 수 있는데 굳이 팔 필요 없고, 죽으면 한 푼도 건질 수 없는데 그런 소는 빨리 팔아야죠.

최고수   맞습니다. 그러나 대부분의 개인투자자들은 주식시장에서 그 반대로 매매를 하고 있습니다. 즉 건강한 소를 이미 수익이 나고 있는 주식으로, 비실거리는 소를 손절매 가격대를 벗어난 손실이 많이 난 주식이라고 가정해봅시다. 그때 더 잘 자라서 큰 수익을 남기고 팔 수 있는 좋은 주식을 쉽게 팔아 버립니다. 그리고 언제 죽을지 몰라 위태로운 주식을 죽은 자식 불알 만지듯 미련을 버리지 못하고 끝까지 들고 가는 경우가 일반적입니다.

산전수   이미 수익이 난 종목은 혹시 가격이 떨어질까 봐 팔게 되고 손실 난 종목은 본전 올 때까지 아까워서 팔지 못하게 되는 것 같습니다.

최고수   주식에는 유독 이와 관련된 격언이 많습니다. '시세는 시세에게 물어라' '매입 가격은 잊어라' '매매 기준은 주가 수준보다 대세 흐름을 봐야 한다' 등의 말을 한 번쯤 들어보셨을 겁니다. 이는 얼마에 사서 얼마의 수익과 손실을 보고 있느냐가 중요하지 않다는 의미입니다.

이 주식이 앞으로 더 오를 여지가 있는지 아니면 더 추락할 가
능성이 있는지에 따라서만 그 종목을 계속 보유할 것인지 팔
것인지를 결정하라는 뜻입니다.

●●● 원하는 방향으로 움직인다면
목표가격까지 참고 견뎌라.
수익은 인내와 기다림의 대가다.

손실이 커지면 일단 정리한다

자사주 지인 중에 10여 년 전에 개업한 소아청소년과 의사가 있습니다. 3년 전 강남에 큰 평수의 집을 장만할 때 병원에서 번 돈만으로는 이 집을 사지 못했을 거라며 주식투자로 그동안 꽤 괜찮은 수익을 냈다고 말했습니다. 우리 사이에서는 이미 주식의 고수로 인정받는 그였지만 그만큼의 수익을 냈을 거라고는 생각하지 못했습니다.

그러나 2015년도에 "요즘 주식은 어때?"라고 물어보면 늘 돌아오는 대답은 "재미없어"였습니다.

결국, 2015년 수익률은 −40% 전후로 마감했다고 이야기했습니다. 2015년은 바이오주 열풍으로 요약할 수 있는데 이런 시기에 코스닥의 다른 종목들을 붙잡고 있다가 큰 손실만 봤다고 했습니다. 바이오주 급등 초기에 따라붙었어야 했는데 따라붙지 못하고 보유 종목이 오르기만을 기다리다 최악의 상황까지 온 것 같다고 덧붙였습니다. 주식투자를 10년 가까이 해오면서 매년 괜찮은 성과를 냈는데 왜 이런 결과가 나왔는지 모르겠습니다.

최고수 그 지인분은 10년 가까이 주식시장에서 건승하면서 점점 겸손함을 잃고 시장에서 자기 고집을 끝까지 꺾지 않은 것 같습니다. 간혹 장기간 괜찮은 수익을 낸 주식투자자들도 손절매 타이밍을 놓치고 한 해 농사를 완전히 망치는 경우도 있습니다. 10번을 잘해도 한 번 잘못하면 지인분과 같이 돌이킬 수 없는 실수가 될 수 있습니다.

산전수 아마 그 지인은 보유 종목들이 오를 때까지 기다릴 모양입니다. 그러다 최악의 상황에서는 마이너스 상태의 그 종목들만을 보유한 채 주식투자가 끝나 버릴 수도 있겠죠.

최고수 주식시장에서 매년 성적이 좋지 않았다면 주식투자를 그만하는 것이 이득일 수 있습니다. 그러나 근 10년 동안 매년 괜찮은 수익을 거뒀는데 한 해 딱 한 번의 판단 미스로 주식투자를 마감하게 된다면 본인에게도 큰 손실이 아닐 수 없습니다.

●●● *자산을 최대한 유지해야 기회를 잡을 수 있다.*
그러기 위해서 돌이킬 수 없는 손실을 보지 않도록 해야 한다.

한탕을 노리지 않는다

최고수 단기간에 1천만 원을 투자해서 5백만 원을 벌었어도 그 수익에 만족할 투자자는 많지 않습니다. 1억을 투자하면 5천만 원을, 10억을 투자했다면 5억을 벌었을 것이라며 아쉬워하는 경우가 일반적입니다. 그러나 10억 원이라는 돈도 없을뿐더러 집을 팔고 최대한 대출을 받아서 전 재산을 투자하기도 쉽지 않습니다.

나왕년 실제로 10~20배 급등하는 주식들이 있지 않습니까? 그런 종목을 하나만 발굴해도 단번에 손실분을 모두 만회할 수 있는 거 아닙니까?

최고수 물론이죠. 그런 대박주를 발굴해서 바닥에 사서 꼭지에 팔고 나올 수 있다면 대박이겠죠. 그럼 한 가지만 여쭤보겠습니다. 지금까지 매매했던 주식 중 가장 큰 수익률은 얼마였습니까?

나왕년　두 배(100% 수익)가 가장 큰 수익이었던 것 같습니다.

최고수　100% 수익이 최고 수익률이었다면 나머지 수익 종목들은 대략 30~50%의 수익이 아니었을까 싶은데요. 그때도 보유하고 있었던 여러 종목 중에 한 종목이 그 정도 수익이 난 경우일 테고요. 그런데 한 종목에 올인해서 단기간에 10~20배 수익을 거두는 것이 현실적으로 가능한 일이겠습니까? 팔고 나서 10배 간 종목은 볼 수 있어도 본인이 10배까지 들고 가는 것은 거의 불가능한 일입니다.

강초보　그럼 장기투자로 큰 수익을 내야 한다는 것은 몇 배의 수익을 말하는 겁니까?

최고수　한탕주의라는 것은 짧은 기간에 큰 수익을 기대하는 것을 말합니다. 5년 동안 보유해서 7배 정도의 수익이 발생했다면 비록 7배 수익이지만 매년 복리로 50% 정도의 수익을 거뒀을 뿐입니다. 일주일 만에 로또 당첨자가 생겨나듯 몇 달 만에 혹은 그보다 짧은 시기에 급등하는 종목을 잡아 큰 수익을 거두려는 것이 문제입니다. 장기투자라면 그 종목의 실적과 향후 업종기대감에 따라 10배 이상의 수익을 기대해도 한탕주의라고 할 수 없습니다.

●●▪ *단기간에 대박을 기대하지 마라.*
그건 투자가 아니라 투기다.

나만의 미인주를
발굴하는 데 주력한다

최고수　시대의 흐름이나 경제적 상황에 따라 각광을 받아 급등하는 업
종이나 테마가 있는데 그와 관련된 주식을 미인주라고 합니다.
미인주를 발굴하는 방법은 투자자들의 전략과 분석법에 따라
다양합니다.

2015년의 미인주는 바이오주였죠. 신약개발과 실적 기대감 등
의 이유로 급등했습니다. 고령화 사회에 본격적으로 접어들며
노후와 건강에 대한 관심이 증대된 사회적 흐름과 무관하지 않
습니다.

그렇다면 앞으로 어떤 업종이 바이오주의 바턴을 이어받을 수
있을까요? 미인주 발굴의 시작은 바로 이 질문으로부터 출발합
니다. 시대의 흐름을 한발 앞서 읽고 미래 호황 업종을 예측해
보는 것이죠. 여러분들의 의견을 들어보겠습니다.

산전수　2016년부터 미국의 금리인상이 본격적으로 진행될 가능성이

있습니다. 미국의 금리인상은 달러화 강세를 유발해 상대적으로 원화가 약세를 보이면서 수출 관련주들이 혜택을 보지 않을까 싶은데요? 수출 대표주라 할 수 있는 현대차, LG전자, 삼성전자 등과 관련 부품업체 중 실적이 괜찮고 성장이 기대되는 주식을 관심 있게 보고 있습니다.

최고수   좋은 의견입니다. 다만 엔저가 심화되고 중국도 본격적으로 환율 전쟁에 뛰어들 가능성이 높아졌습니다. 그리고 미 금리인상으로 신흥국를 비롯해서 전 세계 경제가 위축될 경우 원화 약세가 상대적으로 큰 이득을 보지 못할 수도 있습니다.

주단타   중국 경기가 심상치 않습니다. 중국 경기 하락이 장기화되면 국내 경기도 장기침체에 빠질 가능성이 높겠죠. 그때마다 경기침체 수혜주로 거론되는 등산 관련주, 자전거 관련주 혹은 콘돔 판매업체 등이 그 수혜를 입지 않을까요? 아니면 경기변동에 큰 영향을 받지 않는 경기방어주가 그 대안이 되지 않을까 싶네요.

최고수   국내 경기가 장기 침체로 빠지게 되면 종합주가지수의 하락이 불가피할 것입니다. 그러면 개별 종목들도 그 영향으로부터 자유롭지는 않겠죠. 그러나 그런 불황 속에서도 실적에 타격을 받지 않고 오히려 경기불황의 수혜를 볼 수 있는 종목이 있다면 그 종목이 미인주가 될 수 있겠죠.

나왕년   저금리가 고착되며 우리나라도 일본처럼 제로금리 시대가 오지 않을까요? 그렇게 되면 은행과 예금으로 대표되던 자금이 증권과 간접투자 상품 등으로 분산될 것으로 생각됩니다. 증권사 그중에서도 5대 대형 증권사 혹은 새로운 수익 모델을 보이고 있는 메리츠종금증권 등이 주가지수를 주도하는 날이 오지 않을까 싶습니다.

강초보 전 세계가 경제적으로 어려움에 직면해 있습니다. 이런 상황에서는 전쟁이 하나의 돌파구가 될 거라는 기사를 본 적이 있습니다. 그 연장선상에서 워런 버핏이 에너지주 관련주를 매집한다는 기사를 본 적이 있습니다.

기전업 저는 FUN 관련 업종에 관심을 두고 있습니다. 이제 웬만한 질병은 이길 만큼 의학이 발달했고 장수를 누리다 보면 즐겁게 살고 싶어집니다. 그래서 엔터테인먼트, 여행 관련 사업, 모바일 게임시장이 비약적으로 성장했습니다. 즉 FUN과 관련된 업종이 크게 성장했습니다. 단기적으로 많이 올랐지만, 추가 상승 여력이 있어 보입니다.
FUN과 관련된 업종 중에서 피임 관련 업체에 관심을 두고 있습니다. 의학 발달로 오래 살고 엔터테인먼트를 즐기고 싶은데 호주머니에 돈이 없다면 FUN 중에서 돈이 적게 드는 성과 관련된 사업이 호황을 누릴 수 있습니다. 콘돔을 생산하는 유니더스나 여성 사후피임약 등을 판매하는 현대약품 등을 주목하고 있습니다.
(이 글을 쓸 당시 3,500원 전후였던 유니더스는 호재가 노출되며 1만 원 이상으로 급등했다.)

최고수 월스트리트 역사상 가장 성공한 펀드매니저 피터 린치는 남들
이 혐오하거나 꺼리는 종목에 투자해야 한다고 했습니다. 피
임 관련 업종을 전문적으로 분석하는 애널리스트도 국내에서
는 찾아보기 힘듭니다. 앞으로 각광을 받을 날이 올 수 있을
것 같습니다.

결론적으로 우리가 언급한 업종과 종목 중에 1~2년 내 시장을 주도
하는 미인주가 등장할 수 있습니다. 이렇게 의견과 정보를 교환하는 것
도 큰 도움이 되겠죠. 다만 미인주를 발굴하는 것은 결코 쉬운 작업이
아닙니다. 시대의 흐름을 읽기 위해 많은 양의 책과 뉴스를 정독해야 하
고 각자의 방식대로 종목 연구와 분석도 꾸준히 해야 합니다.

●● *많이 생각하고 토론하고 분석하라.*
미인을 얻는 것만큼
미인주를 발굴하는 것도 쉽지 않다.

기본적 분석 능력이 있다

최고수   기본적 분석은 주식의 내재적 가치를 분석해서 미래의 주가를
예측하는 방법입니다. 다소 차이가 있지만, 가치투자라고 말하
는 전통적인 투자 방식의 대부분은 기본적 분석법입니다.

백치미   그런 것을 몰라도 주식투자로 돈을 버는 사람들이 많지 않습
니까?

최고수   주식시장에 있는 대부분의 투자자들이 돈을 벌 수 있는 대세
상승기가 있습니다. 그런 때에는 아무 노력 없이도 주식투자로
돈을 버는 경험을 할 수 있습니다. 그리고 매주 로또에 당첨되
는 사람이 있듯 예외적으로 노력 없이 돈을 버는 사람들도 있
습니다. 그러나 노력 없이 매년 꾸준히 돈을 버는 투자자는 없
습니다. 노력 없이 돈을 버는 경험은 나중에 부메랑이 되어 오
히려 더 큰 재앙으로 돌아오게 됩니다. 결국, 수익은 노력이라

는 힘든 과정의 열매일 뿐입니다.

백치미 기본적 분석은 공부를 많이 해야 하지 않습니까? 어려운 경
제 용어나 개념도 알아야 하고 회계사처럼 재무제표도 잘 볼
줄 알아야겠죠. 거기에 해당 종목뿐만 아니라 경기의 흐름이
라든가 금리 변화 그리고 통화의 움직임까지 알아야 하지 않
습니까?

최고수 다다익선이라고 많이 알면 알수록 당연히 더 좋습니다. 보유
종목의 재무요인 외에 금리와 통화 흐름 등 대외 요인까지 알
면 좋습니다. 그러나 가장 기본적인 개념만 확실히 알고 있어
도 주식투자에 큰 도움이 됩니다.
즉 주식투자에 입문하면서 가장 많이 듣게 되는 PER, ROE,
PBR 정도의 개념과 중요성 정도는 분명히 알고 있어야 합니다.

강초보 저 같은 초보자들을 위해 간단한 설명 부탁합니다.

최고수 PER(Price Earning Ratio)은 주가를 주당순이익으로 나눈 개념
입니다. 회사의 주당순이익은 높은데 주가가 낮다면 주식 자체
가 저평가되었다고 볼 수 있습니다. 즉 분자인 주가는 작고 주
당순이익인 분모는 높아서 PER이 낮으면 낮을수록 저평가가
되었다고 할 수 있습니다.
예를 들어 A주가가 2만 원이고 주당순이익이 2천 원이면 PER
은 10입니다. B주가가 2천 원이고 주당순이익이 2천 원이라면
PER은 1입니다. 다른 조건이 같다고 한다면 당연히 PER이 낮

은 B주식이 매력적입니다. 참고로 주당순이익(EPS, Earning Per Share)은 1회계연도에 벌어들인 당기순이익을 총발행 주식 수로 나눈 것입니다. 주가 1주당 1년 동안 벌어들인 수익을 나타냅니다.

PBR(Price Book-value Ratio)은 주가를 순자산으로 나눈 것입니다. 주가가 1주당 순자산의 몇 배로 거래되고 있는가를 나타냅니다.

불황이 장기화되면 자산을 많이 보유한 기업이 상대적으로 생존력이 높습니다. PBR이 낮다는 것은 그만큼 재무구조가 탄탄하고 안전하다는 뜻이기 때문입니다. 주가의 상대적 수준을 나타내는 개념으로 PER과 같이 주식투자에 꼭 필요한 검토 사항입니다.

다만 PBR은 주주의 가치를 중시하는 미국 등의 선진국에서는 상당히 중요한 개념입니다. 장부가에 있는 건물, 토지 등을 비싼 값에 판 후 회사를 위해 R&D에 투자하거나 주주들을 위해 사용합니다. 그러나 주주 위주가 아닌 오너 위주의 한국기업에서는 그런 차익을 오너를 위해 쓰는 경우가 많습니다. 오너의 자가용 비행기나 개인 별장을 사는 일에 그런 차익을 사용하는 경우는 비일비재합니다. 개인 비자금으로 유용하지만 않으면 다행일 정도입니다. 따라서 PBR은 한국기업 체질상 약간의 참고만 하거나 그 기업의 과거 전력을 확인해 볼 필요가 있습니다.

ROE(Return On Equity)는 순자산 대비 수익률입니다. 자산은 자본과 부채로 이뤄지는데 ROE는 부채를 뺀 자본금 대비 수익률입니다. 예를 들어 현 자산이 20억인데 10억은 자본금이고 10억이 은행 등에서 빌린 부채입니다. 이때 수익이 3억 발생했다면 ROE는 15%가 아닌 30%입니다. 자산 20억 대비 3억 수익이 아니라 자본금 10억 대비 3억 수익이기 때문입니다.

강초보   우문(愚問)이겠지만 위에 언급한 개념 중에서 최근에 가장 중요한 개념은 어떤 겁니까?

최고수   2000년대 초반까지는 PER의 개념이 가장 중요했습니다. 저 PER 주가 하나의 테마를 형성했을 만큼 PER에 대한 맹목적인 신뢰와 추종이 있었습니다. 그러나 2000년 초반 이후로 지금까지 주식시장에서 가장 중요한 개념은 ROE로 대체된 상황입니다.

ROE를 한마디로 요약하면 성장성과 PER이 포함된 개념입니다. 과거 2000년대 초반까지 성장률이 높았던 시기에는 대부분의 업종도 성장기에 속했습니다. 그래서 성장성이라는 측면이 크게 중요하지 않았습니다. 그러나 2000년대 초반 이후로 한국 경제가 저성장기로 접어들며 성장성 부분이 크게 중요해지기 시작해졌습니다. 그래서 PER과 성장성이 함께 포함된 ROE의 개념이 중요해진 것입니다.

끝으로 기본적 분석을 제대로 할 줄 알아야 그 회사의 현 상황을 정확히 파악할 수 있습니다. 그래야 그 회사의 미래 전망까지 가늠할 수 있겠죠.

●●● *기본적 분석 능력을 갖춰라.*
    주식투자의 가장 기본적인 준비 과정이다.

자신만의
기술적 분석 방법이 있다

최고수 기본적 분석을 신뢰하는 투자자들은 주식이 오른 상태인가? 아니면 오르기 전인가? 등의 기본적인 사항만을 체크하기 위해서 차트를 확인합니다. 차트를 보고 앞으로의 상황을 분석하고 예측하려고 하지 않습니다.

그러나 기술적 분석으로 현재의 주가 상황과 앞으로의 방향까지를 예상해 보려는 투자자라면 기술적 분석을 하는 데 있어 더욱더 신중해야 합니다.

나왕년 과거에는 기술적 분석을 상당히 신뢰했습니다. 객장에 있으면서 각종 유행한다는 기술적 지표들은 한 번씩 매매에 적용해봤을 정도입니다. 그러나 지표마다 잘 맞을 때는 무척이나 잘 맞는 것 같은데 맞지 않을 때는 이상하리만치 맞지 않았습니다. 지금은 기술적 지표들이 일관성이 없는 것 같아 그냥 참고만 합니다.

최고수 기술적 지표는 코에 걸면 코걸이 귀에 걸면 귀걸이가 될 수 있습니다. 심지어 같은 차트를 보고도 소위 차티스트끼리도 다른 해석이 나올 수 있습니다. 기술적 지표는 어떤 지표를 보느냐보다 한가지 지표를 보더라도 확실하게 자신의 방식으로 재해석해서 매매에 응용할 수 있느냐가 중요합니다.

제가 아는 투자자 중에는 MACD지표 하나만 응용해서 꾸준히 수익을 내는 투자자도 있습니다. 저 또한 일목균형표와 파동법을 접목시킨 일목파동법을 활용해서 매매하고 있습니다.

오히려 여러 기술적 지표를 활용하다 보면 아전인수격으로 포지션에 따라 그에 해당하는 차트만을 보게 되는 경우가 있습니다. 즉 차트를 보는 데 있어 자신이 보고 싶은 것만 보고 참고할 것만 참고하는 경우가 생기게 되죠.

주단타 기술적 분석에 대한 팁(Tip)을 하나 정도만 알려주실 수 있나요?

최고수 팁이라고까지는 할 수 없을 것 같습니다. 저는 중간값을 이용하는 일목파동법과 평균값을 이용하는 이동평균선만을 활용합니다. 나왕년 님처럼 저 역시 여러 기술적 보조지표들을 응용해 봤습니다. 그러나 지금에 와서는 캔들 자체의 움직임과 파동 그리고 중간값과 평균값만을 참고해서 매매합니다. 모든 것이 그렇듯 기본에 충실한 것이 가장 중요할 듯싶습니다.

●● *기술적 분석의 어설픈 적용은 오히려 독이 된다.*
자신만의 전략으로 특화시켜야 한다.

성공적인 투자모임이 있다

최고수   방안에 틀어박혀 인터넷도 하지 않고 혼자서 주식투자를 하는
투자자는 거의 없습니다. 주식 전문가가 포함된 오프라인 모임
이 아니더라도 최소 온라인상의 주식투자모임에는 가입해서
각종 정보를 수집하고 새로운 트렌드를 읽으려고 노력합니다.

산전수   저같이 나이가 있는 투자자들은 온라인 모임에 익숙하지 않습
니다. 주변에 고수나 혹은 주식 관련 일을 했던 실질적인 준전
문가를 접할 기회도 거의 없습니다. 그러다 보니 자신보다 먼
저 주식투자를 했던 단순 투자 선배나 객장 등에서 만난 투자
자들을 통해 정보를 얻고 투자를 할 뿐입니다. 이 모임이 투자
모임은 아니겠죠?

최고수   여기서 말하는 모임의 핵심 포인트는 성공적인 모임입니다. 단
순히 어디서 어떤 이야기를 들었더라 식의 출처를 알 수 없는

루머만을 공유하거나 과거의 신세 한탄이나 주식 성공담, 실패담을 이야기하며 추억을 곱씹어 보는 모임이 아닙니다. 최소 주식에 꾸준한 시간을 투자해서 공부하고 연구하는 모임이어야 합니다.

산전수 현실적으로 증권회사 등의 금융업계에 종사했거나 주식 관련 일을 하지 않았다면 그런 모임을 접할 기회조차 갖기 힘든 것 아닙니까?

기전업 그렇지는 않은 것 같습니다. 제약업체에 근무할 당시 주식투자 모임이 있었습니다. 전업투자로 전환 후에는 정보공유와 전략개발 등의 이유로 온라인 사이트 등을 검색해서 의외로 괜찮은 모임도 찾을 수 있었습니다. 본인의 적극성 여부에 따라 괜찮은 투자모임을 찾을 수 있다고 생각합니다.

최고수 성공적인 모임은 아마도 고급정보를 알 수 있는 위치에 있는 사람들이거나 주식투자를 업으로 하는 사람들끼리의 모임이 대표적일 겁니다. 그런데 그런 모임은 극소수에 불과합니다. 그래서 서두에 온라인 모임을 포함시켰습니다. 온라인 모임에 가입해서 그 안에서 정보를 공유하고 의견을 나누는 것만으로도 중간 정도의 투자모임이 있는 것으로 가늠할 수 있습니다. 또한, 이 항목은 주식 진단표 작성에서 강함의 최고점과 중간의 점수 차를 1점으로 제한해서 그 비중을 작게 했습니다.

●●●≡ 성공적인 주식투자모임에 가입해라.
주식의 옥석을 가리는 것만큼
모임의 옥석을 고르는 안목도 중요하다.

주식 공부를
게을리하지 않는다

최고수 공부해도 안 되는 것이 주식이라는 말이 있습니다. 그만큼 주
식이 어렵다는 뜻입니다. 그렇다면 얼마만큼을 주식 공부에 투
자하는 데 얼마의 돈이 벌리지 않는지를 묻고 싶습니다. 다른
일을 해서는 돈 벌기 어렵다는 것을 다들 인정하면서 왜 주식
시장에서는 그만큼의 돈을 벌기 위해 그만큼의 노력을 기울이
지 않는지 그것이 더 이상합니다.

공부해도 안 되는 것이 주식이라는 말을 했을 때 다들 고개를
끄덕였는데 전업투자자인 기전업 씨를 제외하고 나머지 여섯
분 중에서 하루에 규칙적으로 1~2시간 이상씩 주식 공부를 하
는 분 있습니까?

자사주 전업투자자가 아닌 개인투자자들은 매일 규칙적으로 한두 시
간씩 공부하는 게 쉽지 않습니다.

최고수　여러분들은 주식시장에서 누구와 경쟁합니까? 외국인 혹은 기관투자자들과 경쟁하지 않습니까? 외국인들은 제외하고 투자기관의 주식 운용 펀드매니저들은 얼마만큼의 노력을 하는지 아십니까?

새벽에 일어나 미국 시장을 확인하고 7:30~8:00에 있을 회의 준비를 합니다. 회의가 끝나면 장중 시장에 달라붙어 매매하고 새로운 종목들을 발굴하기 위해 노력합니다. 장이 끝나면 모여서 다음 날 전략을 짜고 추천할 만한 종목에 대해 의견을 나눕니다. 저녁 늦게 퇴근해도 일이 마감되는 것은 아닙니다. 혹여 포지션이 있을 경우에는 잠자다가 깨어 미국 시장을 확인하며 다음 날 대응방안을 고민하기도 합니다. 종일 주식에 대해 고민하고 공부를 합니다.

그런 기관투자자들과 싸워서 이기기 위해서는 여러분들도 그만큼의 노력을 해야 하지 않겠습니까?

강초보　그만큼의 공부를 하지 않는다면 주식투자를 포기해야 하나요?

최고수　개인투자자 중의 95%가 손실을 본다고 합니다. 그렇다면 5%는 어떤 사람들일까요? 상당수가 기관투자자만큼 시장에 대해 공부하는 전업투자자겠죠. 그리고 내부 정보를 미리 알 수 있는 각 상장기업의 임직원일 가능성이 높습니다. 혹은 고급정보를 미리 선점할 수 있는 몇몇 투자자일 수 있겠죠. 그렇다면 전업투자자가 아니고 위의 예에 해당되지 않는 개인투자자 중 꾸준히 수익을 내는 개인투자자는 아마도 1% 안팎일 겁니다. 본인이 그 1%에 해당되지 않는다면 경쟁자들만큼 공부하고 노력

해야 하지 않겠습니까?

항목이 많아 다른 때보다 많은 시간이 소요되었습니다. 하지만 주식 관련 22개 항목에 관해 이야기하면서 많은 것을 생각해 볼 수 있었던 시간이었다면 좋겠습니다.

다음 주에는 오늘 살펴봤던 22개 항목과 관련된 주식 진단표를 작성하도록 하겠습니다.

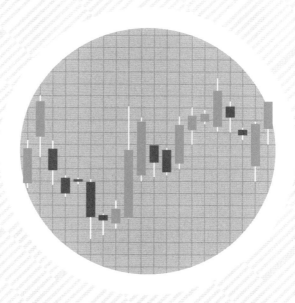

제 **7** 장

주식 진단표 작성

최고수 이번 시간에는 지난 시간에 검토해 봤던 주식 실전매매와 관련된 22개 항목을 직접 체크해 보겠습니다. 그리고 각 항목 점수와 총 점수에 따라 자신이 어떤 유형에 속하는지도 알아보도록 하겠습니다.

객관적인 작성을 위해 항목마다 구체적인 기준(가이드라인)을 제시해놨습니다. 참고해 주시기 바랍니다.

▶ **주식 진단표 항목별 기준**

1. 몰빵투자 – 1~2종목만 집중 투자(강함), 4~5종목 투자(보통), 10종목 이상 (약함).

2. 백화점식 투자 – 10종목 이상 투자(강함), 4~5종목 투자(보통), 1~2종목 투자(약함).

3. 고가주 베팅 – 보유종목이 5종목이라고 가정한다. 주식가격 3만 원 이상 종목이 5종목 전부(강함), 3종목(보통), 1종목 이하(약함).

4. 현금보유 – 총 주식투자금 중 현금 보유 비중이 30% 이상(강함), 15% 수준 (보통), 전액 주식만 보유(약함).

5. 미수·신용거래 – 1년 기준, 3개월 이상 미수·신용거래를 했다(강함), 1개월 이상 했다(보통), 한 번도 미수나 신용거래를 하지 않았다(약함).

6. 전문가 맹신 – 보유종목이 5종목이라 가정한다. 5종목 모두 전문가 추천 종목(강함), 3종목(보통), 1종목(약함).

7. 작전주 베팅 – 총 주식투자 금액 중 30% 이상을 작전주에 베팅(강함), 15% 베팅(보통), 베팅하지 않았다(약함).

8. 주도주 베팅 – 보유종목이 5종목이라고 가정한다. 업종 대표주나 시장 주도주 4종목 이상(강함), 2종목(보통), 한 종목도 없다(약함).

9. 유행 추종 – 보유종목이 5종목이라고 가정한다. 유행을 따라 산 주식이 4종목 이상(강함), 2종목(보통), 한 종목도 없다(약함).

10. 수익 종목 보유 – 보유종목이 5종목이라고 가정한다. 수익 주식이 4종목 이상(강함), 2종목(보통), 한 종목도 없다(약함).

11. 손실 종목 보유 – 보유종목이 5종목이라고 가정한다. 손실 주식이 4종목 이상(강함), 2종목(보통), 한 종목도 없다(약함).

12. 여유자금 투자 – 투자금 전부가 여유자금(강함), 70% 이상이 여유자금(보통), 50%만 여유자금(약함).

13. 중장기 전략 – 보유종목이 5종목이라고 가정한다. 단, 손실이 30% 이상 난 종목은 중장기 보유 종목에서 제외시킨다. 중장기 보유 주식이 4종목 이상(강함), 2종목(보통), 한 종목도 없다(약함).

14. 바닥매수·천장매도 시도 – 전체 진입과 청산 횟수 중 바닥에 매수하고 천장에 매도하려는 비율이 80% 이상(강함), 50%(보통), 30%(약함).

15. 군중심리 편승 – 보유종목이 5종목이라고 가정한다. 남들이 산다고 해서 쫓아 산 종목이 3종목 이상(강함) 2종목(보통), 한 종목도 없다(약함).

16. 주식과 결혼 – 보유종목이 5종목이라고 가정한다. 30% 이상의 손실이 발생했으며 원금회복 전까지 팔 마음이 없는 주식 수가 3종목(강함), 2종목(보통), 없다(약함).

17. 한탕주의 – 보유종목이 5종목이라고 가정한다. 한탕을 노리고 가담한 종목 수가 3종목 이상(강함), 2종목(보통), 한 종목도 없다(약함).

18. 미인주 발굴 – 보유종목이 5종목이라고 가정한다. 자신의 분석에 따라 발굴한 종목이 3종목 이상(강함), 2종목(보통), 한 종목도 없다(약함).

19. 기본적 분석 – 경제신문을 이해하고 재무제표를 볼 수 있다(강함), 주식시장에 회자되는 PER, ROE 등의 개념만 알고 있다(보통), 전혀 모른다(약함).

20. 기술적 분석 – 나만의 기술적 분석 기법이 있다(강함), 이동평균선 정도만 참고한다(보통), 아예 보지 않는다(약함).

21. 성공적인 투자모임 – 주식 모임에 있는 멤버들의 80% 이상이 수익률이 좋다(강함), 주식 정보만 얻는 모임이 있다(보통), 인터넷 주식 사이트만 기웃거릴 뿐 모임은 없다(약함).

22. 지속적인 주식 공부 – 매일 1시간 이상씩 주식 공부(강함), 일주일에 3일 정도 1시간 정도씩 공부(보통), 체계적인 공부는 아예 하지 않음(약함).

▶ 주식 진단표

	약함		보통		강함
몰빵투자					
백화점식 투자					
고가주 베팅					
현금보유					
미수·신용거래					
전문가 맹신					
작전주 베팅					
주도(대장)주 베팅					
유행 추종					
수익 종목 보유					
손실 종목 보유					
여유자금 투자					
중장기 전략					
바닥매수· 천장매도 시도					
군중심리 편승					
주식과 결혼					
한탕주의					
미인주 발굴					
기본적 분석					
기술적 분석					
성공적인 투자모임					
지속적인 주식 공부					

▶ 주식 진단 채점표

	약함 (적게 함)		보통		강함 (많이 함)
몰빵투자	2.5	2	1.5	1	0.5
백화점식 투자	2.5	2	1.5	1	0.5
고가주 베팅	1	2	3	4	5
현금보유	1	2	3	4	5
미수·신용거래	5	4	3	2	1
전문가 맹신	2.5	2	1.5	1	0.5
작전주 베팅	5	4	3	2	1
주도(대장)주 베팅	1	2	3	4	5
유행 추종	5	4	3	2	1
수익 종목 보유	1	2	3	4	5
손실 종목 보유	5	4	3	2	1
여유자금 투자	1	2	3	4	5
중장기 전략	1	2	3	4	5
바닥매수 천장매도 시도	5	4	3	2	1
군중심리 편승	5	4	3	2	1
주식과 결혼	5	4	3	2	1
한탕주의	5	4	3	2	1
미인주 발굴	1	2	3	4	5
기본적 분석	1	2	3	4	5
기술적 분석	1	2	3	4	5
성공적인 투자모임	0.5	1	1.5	2	2.5
지속적인 주식 공부	1	2	3	4	5

▶ **점수별 유형 구분**

90점 이상 주식시장 고수. 꾸준히 수익을 내는 성공적인 주식투자자

80~89점 주식시장에서 수익을 내는 유형. 전업투자자로 자리를 잡았거나 본인만의 필살기로 수익을 내지만 본인의 기대 수익 만큼에는 미치지 못한다.

70~79점 주식시장에서 수익을 낼 가능성이 충분한 투자자. 경험이 부족하거나 자신만의 전략과 필살기가 완성되지 않은 유형이다.

60~69점 잘못된 주식투자 습관으로 수익을 내지 못하고 있는 유형. 주식공부를 체계적으로 하지 않아 낙제점으로 떨어질 가능성이 크다.

60점 미만 낙제점. 주식시장의 하수. 주식투자를 일단 접고 주식매매원칙과 전략을 처음부터 재점검해야 한다.

꾸준한 수익을 내는
성공적인 투자자 유형

적절한 분산투자와 함께 종목 발굴도 탁월하고 매수, 매도 전략과 시나리오도 훌륭한 90점 이상의 주식 고수들이 있습니다.

다음은 모든 항목에서 고르게 높은 점수를 받아 총점 92.5점을 획득하고, 주식의 격언을 그대로 실천하는 M주식 운용팀 팀장의 주식 매매 진단표입니다. 모든 투자자들의 롤모델이 될 수 있는 성공적인 주식 투자자 유형입니다.

▶ M주식 운용팀 팀장 주식 진단표 −총점 92.5

	약함 (적게 함)		보통		강함 (많이 함)
몰빵투자	2.5	✓ 2	1.5	1	0.5
백화점식 투자	✓ 2.5	2	1.5	1	0.5
고가주 베팅	1	2	3	4	✓ 5
현금보유	1	2	3	✓ 4	5
미수·신용거래	✓ 5	4	3	2	1
전문가 맹신	2.5	✓ 2	1.5	1	0.5
작전주 베팅	✓ 5	4	3	2	1
주도(대장)주 베팅	1	2	3	4	✓ 5
유행 추종	5	✓ 4	3	2	1
수익 종목 보유	1	2	3	4	✓ 5
손실 종목 보유	5	✓ 4	3	2	1
여유자금 투자	1	2	3	✓ 4	5
중장기 전략	1	2	3	4	✓ 5
바닥매수 천장매도 시도	5	✓ 4	3	2	1
군중심리 편승	5	✓ 4	3	2	1
주식과 결혼	✓ 5	4	3	2	1
한탕주의	✓ 5	4	3	2	1
미인주 발굴	1	2	3	4	✓ 5
기본적 분석	1	2	3	4	✓ 5
기술적 분석	1	2	3	4	✓ 5
성공적인 투자모임	0.5	1	1.5	✓ 2	2.5
지속적인 주식 공부	1	2	3	4	✓ 5

1~2종목에 올인하는 유형

최고수 각자의 주식 전략과 투자 스타일에 따라 다양한 표가 작성되었습니다. 그중에 나왕년 님은 전형적인 몰빵 유형의 진단표가 나왔습니다.

제 주변에도 몰빵 위주의 매매를 하는 투자자들이 상당히 많습니다. 몰빵투자가 반드시 나쁜 것은 아니지만, 종목에 대한 확신만큼이나 손절매 등의 투자 원칙을 확실히 지키는 것이 무엇보다 중요합니다. 몰빵투자는 하이리턴을 원하는 만큼 하이리스크를 감당해야 합니다.

몰빵투자의 유형은 A유형(수익유형)과 B유형(손실유형)으로 나눌 수 있습니다. 그중 나왕년 님은 전형적인 B유형(손실유형)의 투자자입니다. 공격적으로 몰빵투자를 하지만 리스크 관리에는 소극적인 투자 유형입니다. B유형(손실유형)은 가끔 미수나 신용거래로 투자를 하기도 하며 고가주보다는 저가주 위주의 종목을 주로 거래합니다. 그 당시 유행하는 테마를 쫓아 매매하는 경우도 많고 소위 전문가라 자칭하는 사람들의 정보나 작전주 등을 무작정 쫓아서 매매하는 경우도 잦습니다. 다분히 충동적이고 감정적인 매매를 하기도 합니다.

이런 유형은 상승추세나 시장을 선도하는 테마주에 투자할 경우에는 큰 수익을 내는 경우도 있습니다. 그러나 몰빵투자가 그렇듯 한 번의 실수 혹은 손절매 등의 원칙을 지키지 않아 기존 수익을 모두 뱉어내고 깡통을 차는 최악의 상황을 맞이하곤 합니다.

본인의 성향이 공격적이라 하더라도 미수나 신용거래 등은 피하고 손절매 등의 원칙은 확실히 지킬 필요가 있습니다.

몰빵투자 유형의 투자자이지만 지금까지 괜찮은 수익을 내고 있는 다른 투자자가 있습니다. 몰빵 A유형(수익유형)으로 바람직한 투자자로 분류할 수 있습니다. 몰빵으로 한두 종목에 올인해서 투자합니다. 공격적인 성향이지만 미수나 신용거래는 하지 않으며 여유자금만으로 투자를 합니다. 또한, 일정 부분의 현금을 확보한 상황에서 다음 기회를 준비합니다. 시장의 분위기에 편승해서 매매하지만 주도주 혹은 대장주 위주로 베팅하며 자신만의 기본적, 기술적 분석에 따라 매매합니다.

가끔 종목을 잘못 선정해서 손실이 발생하기도 하지만 손절매 20% 원칙은 철저하게 지킵니다. 손절 후에는 그 손실을 메우기 위해 급하게 종목을 찾아서 베팅하지 않습니다. 시간적 여유를 가지고 종목을 발굴한 후 다시 몰빵을 하는 스타일입니다. 몰빵한 주식 중에는 200~300% 이상의 수익을 안겨다 준 주식도 많고 최소 50% 이상의 수익은 내고 그 종목에서 빠져나옵니다.

몰빵투자이긴 하지만 자신만의 정해진 원칙이 있습니다. 그리고 리스크가 큰 만큼 손절매 원칙은 확실히 지키면서 위험을 최소화하려고 노력합니다.

　몰빵 B유형(손실유형)인 나왕년 님은 49.5점을 받은 반면, 몰빵 A유형(수익유형)은 84점을 받았습니다. 총 점수에서 말해주듯 B유형(손실유형)은 50점도 안 되는 낙제점으로 주식으로 수익을 내기 어렵습니다. 반면 같은 몰빵형의 매매 스타일이지만 자신만의 원칙이 있는 A유형(수익유형)의 투자자는 80점이 넘는 고득점으로 시장에서 꾸준한 수익을 내고 있습니다. 물론 대부분의 몰빵투자자들이 B유형(손실유형)에 가깝고 A유형(수익유형)은 극소수입니다. 따라서 유형상의 구분이었을 뿐 개인투자자들은 몰빵투자를 자제함이 바람직합니다.

▶ 몰빵 A유형(수익유형) - 총점 84점

	약함 (적게 함)		보통		강함 (많이 함)
몰빵투자	2.5	2	1.5	1	✓ 0.5
백화점식 투자	✓ 2.5	2	1.5	1	0.5
고가주 베팅	1	2	3	4	✓ 5
현금보유	1	✓ 2	3	4	5
미수·신용거래	✓ 5	4	3	2	1
전문가 맹신	2.5	✓ 2	1.5	1	0.5
작전주 베팅	5	✓ 4	3	2	1
주도(대장)주 베팅	1	2	3	4	✓ 5
유행 추종	5	✓ 4	3	2	1
수익 종목 보유	1	2	3	4	✓ 5
손실 종목 보유	5	✓ 4	3	2	1
여유자금 투자	1	2	3	✓ 4	5
중장기 전략	1	2	3	4	✓ 5
바닥매수 천장매도 시도	5	✓ 4	3	2	1
군중심리 편승	5	✓ 4	3	2	1
주식과 결혼	5	4	✓ 3	2	1
한탕주의	✓ 5	4	3	2	1
미인주 발굴	1	2	3	✓ 4	5
기본적 분석	1	2	3	4	✓ 5
기술적 분석	1	2	3	✓ 4	5
성공적인 투자모임	0.5	1	1.5	✓ 2	2.5
지속적인 주식 공부	1	2	3	4	✓ 5

▶ 몰빵 B유형(손실유형) - 총점 49.5점

	약함 (적게 함)		보통		강함 (많이 함)
몰빵투자	2.5	2	1.5	1	✓ 0.5
백화점식 투자	✓ 2.5	2	1.5	1	0.5
고가주 베팅	✓ 1	2	3	4	5
현금보유	✓ 1	2	3	4	5
미수·신용거래	5	4	3	✓ 2	1
전문가 맹신	2.5	2	1.5	✓ 1	0.5
작전주 베팅	5	4	3	✓ 2	1
주도(대장)주 베팅	1	✓ 2	3	4	5
유행 추종	5	4	3	✓ 2	1
수익 종목 보유	1	2	3	✓ 4	5
손실 종목 보유	5	4	✓ 3	2	1
여유자금 투자	1	2	✓ 3	4	5
중장기 전략	1	✓ 2	3	4	5
바닥매수 천장매도 시도	5	4	✓ 3	2	1
군중심리 편승	5	4	3	✓ 2	1
주식과 결혼	5	4	✓ 3	2	1
한탕주의	5	4	3	✓ 2	1
미인주 발굴	1	✓ 2	3	4	5
기본적 분석	1	2	✓ 3	4	5
기술적 분석	1	2	✓ 3	4	5
성공적인 투자모임	0.5	1	1.5	✓ 2	2.5
지속적인 주식 공부	1	2	✓ 3	4	5

관리할 수 없을 만큼
많은 종목을 보유한 유형

최고수 한두 종목에 올인하는 몰빵 유형의 반대가 백화점식 유형입니다. 이 유형은 7~8종목, 많게는 10종목 이상의 주식을 보유합니다. 보유한 종목 중에 큰 손실로 인해 관심을 접은 종목이 1~2종목 이상 있는 유형입니다.

백치미 님이 전형적인 백화점식 유형에 해당합니다. 백화점식 유형은 자신의 전략에 따라 종목을 발굴하기보다는 '주식 좀 한다'는 주변인들의 종목 추천을 믿고 베팅하는 경우가 대부분입니다. 이 유형의 최대 문제점은 손절매를 기계적으로 하지 못하고 수익 역시 진득이 기다리지 못한다는 점입니다. 수익이 발생하면 10~20% 수익에 만족하며 바로 정리하고 손실이 발생하면 원금을 회복할 때까지 무작정 기다립니다. 그러다 손실 폭이 커지게 되면 아예 그 종목에 대한 관심조차 두지 않은 채 방치하기 일쑤입니다.

다소 소극적이고 소심한 투자유형이어서 큰 금액으로 베팅하지 못하고 투자자금이 마련되면 그때마다 투자를 합니다. 따라서 상승 추세장에 베팅을 하면 상승 분위기에 편승해서 수익을 낼 때도 있지만, 하락 추세장이나 박스권 시장에서는 좀처럼 수익을 내지 못합니다. 또한, 백화점식 투자 유형은 이미 손실을 상당히 본 유형이거나 투자 기간은 길지만, 아직 자신만의 투자전략이나 매매원칙조차 가지고 있지 않은 경우도 많습니다.

백치미 감추고 싶던 제 주식 이력을 공개하는 것 같아 부끄럽네요. 저 같은 투자자에게 가장 시급한 조치는 어떤 것이 있을까요?

최고수 수익이 난 종목은 그대로 두고 손실이 난 종목들 위주로 손절매를 해서 4~5종목으로 정리한 후 매매 계획을 다시 짤 필요가 있습니다. 기존 주식을 들고 어떻게 해보려고 하면 안 됩니다. 그 자세부터가 예전의 잘못된 매매 습관을 고치지 않으려는 것이기 때문입니다.
또한, 이런 유형은 매매 자체에 자신이 없고 책임감도 없어서 투자자로서 자립하지도 못한 상황입니다. 따라서 주식시장에서 자립하기 위해 기초부터 많은 공부가 필요합니다.

▶ 〈백치미〉 주식 진단표 – 총점 41.5점

	약함 (적게 함)		보통		강함 (많이 함)
몰빵투자	✓ 2.5	2	1.5	1	0.5
백화점식 투자	2.5	2	1.5	1	✓ 0.5
고가주 베팅	1	✓ 2	3	4	5
현금보유	1	✓ 2	3	4	5
미수·신용거래	✓ 5	4	3	2	1
전문가 맹신	2.5	2	1.5	1	✓ 0.5
작전주 베팅	5	4	3	✓ 2	1
주도(대장)주 베팅	1	✓ 2	3	4	5
유행 추종	5	4	3	✓ 2	1
수익 종목 보유	1	✓ 2	3	4	5
손실 종목 보유	5	4	3	2	✓ 1
여유자금 투자	1	2	✓ 3	4	5
중장기 전략	1	✓ 2	3	4	5
바닥매수 천장매도 시도	5	4	3	✓ 2	1
군중심리 편승	5	4	3	✓ 2	1
주식과 결혼	5	4	3	2	✓ 1
한탕주의	5	4	3	✓ 2	1
미인주 발굴	1	✓ 2	3	4	5
기본적 분석	1	✓ 2	3	4	5
기술적 분석	1	✓ 2	3	4	5
성공적인 투자모임	0.5	✓ 1	1.5	2	2.5
지속적인 주식 공부	✓ 1	2	3	4	5

자신이 잘 아는
몇 개 종목에만 투자하는 유형

최고수 주식 진단표의 전형적인 7개 유형 중에서 가장 많은 비중을 차
지하는 유형은 어떤 유형일까요?

아마도 자신이 잘 아는 주식에만 투자하는 유형이 아닐까 싶습
니다. 즉 자신이 다니는 회사의 주식을 보유하고 있거나 그와
관련된 업종의 회사 주식을 보유하는 유형입니다. 자신이 다니
는 회사의 실적과 전망을 밝게 보고 자발적으로 투자하는 경우
입니다. 또한, 유상증자로 인한 자사주 매입 등으로 비자발적
으로 주식을 보유하는 경우도 해당합니다.

좀 더 범위를 넓히면 친구 혹은 지인이 다니고 있는 회사에 투
자하는 경우도 포함합니다. 누구보다도 그 회사의 실적과 향후
전망치 등을 잘 알 수 있다고 생각하기 때문입니다.

자신만의 전략과 분석법으로 종목을 발굴하지는 않습니다. 즉
자신이 잘 알고 있는 종목이라는 생각에 업종 분석이나 종목
연구 등을 게을리합니다. 이는 증권사 객장이나 온라인상의 주

식투자 관련 사이트에서 정보를 얻어 주식에 투자하는 부류와
다를 바 없습니다. 그러나 더 객관적이고 한발 빠른 정보를 입
수할 수 있다는 점과 단기매매보다는 중장기적으로 주식을 보
유한다는 측면에서 더 바람직한 것은 분명합니다.

　다음은 자신이 잘 아는 몇 개의 종목에만 투자하면서 꾸준히 수익을
내고 있는 투자자 K의 주식 진단표입니다. 바람직한 A유형(수익유형)에
해당합니다. 스터디 모임을 통해 주식 공부도 꾸준히 하고 업종과 종목
분석도 병행합니다. 점수도 80점대로 괜찮은 편이고 꾸준히 수익을 낼
수 있는 유형입니다.

▶ 잘 아는 종목에 투자하는 A유형(수익유형) – 총점 84.5점

	약함 (적게 함)		보통		강함 (많이 함)
몰빵투자	2.5	2	1.5	1	✓ 0.5
백화점식 투자	✓ 2.5	2	1.5	1	0.5
고가주 베팅	1	2	✓ 3	4	5
현금보유	1	2	✓ 3	4	5
미수·신용거래	✓ 5	4	3	2	1
전문가 맹신	✓ 2.5	2	1.5	1	0.5
작전주 베팅	✓ 5	4	3	2	1
주도(대장)주 베팅	1	2	✓ 3	4	5
유행 추종	✓ 5	4	3	2	1
수익 종목 보유	1	2	3	4	✓ 5
손실 종목 보유	5	4	✓ 3	2	1

여유자금 투자	1	2	3	4	✓ 5
중장기 전략	1	2	3	4	✓ 5
바닥매수 천장매도 시도	✓ 5	4	3	2	1
군중심리 편승	✓ 5	4	3	2	1
주식과 결혼	5	✓ 4	3	2	1
한탕주의	✓ 5	4	3	2	1
미인주 발굴	1	2	3	✓ 4	5
기본적 분석	1	2	3	✓ 4	5
기술적 분석	1	2	3	✓ 4	5
성공적인 투자모임	0.5	1	1.5	✓ 2	2.5
지속적인 주식 공부	1	2	3	✓ 4	5

나왕년 주변에 많은 투자자들이 자신이 잘 알고 있는 종목에 투자하거나 투자하고 싶어 합니다. 아무래도 수익 확률만큼이나 심리적으로도 편안함을 느끼기 때문입니다. 그러나 최고수 님이 예를 든 유형대로 괜찮은 수익을 내는 투자자들이 많지는 않습니다. 또한, 중장기투자보다는 단기투자로 일관하는 투자자들이 더 많은 것 같습니다.

최고수 자신이 잘 아는 종목에 투자하는데도 손실을 보는 투자자가 압도적으로 많습니다. 손실을 보는 이유는 크게 두 가지 때문입니다.
첫 번째는 정보를 독점하고 있다는 생각에 수익을 극대화하려고 욕심을 내기 때문입니다. 그래서 고점매도 저점매수의 단기매매로 접근하다 오히려 손실만 보게 됩니다.

두 번째는 주식은 단순하게 펀더멘탈에 의해서만 움직이지 않는다는 점을 간과했기 때문입니다. 주식은 수급, 선 반영, 심리 등의 영향을 받습니다. 국내 경기 흐름뿐만 아니라 미국 금리 인상, 중국 경기 부진 등 대외 요인에 의해서도 영향을 받습니다. 단순히 지금의 실적에만 집착한 채 향후 전망과 기타 요인을 간과하고 공부를 게을리 한 탓입니다.

위와 비슷한 사례를 추가로 이야기해 보겠습니다. 강 차장은 삼성전자 핸드폰 납품업체로 코스닥에 상장한 K업체에 다니고 있습니다. 주식 진단표 점수도 자사주 님과 비슷한 60점대 초반입니다. 사장이 오너인 개인기업에서 자금과 회계 등의 중요 업무를 담당하고 사장의 최측근으로 누구보다 회사의 사정을 잘 알고 있었습니다.

K주식을 매수해서 40% 정도의 수익을 내고 있을 때 돌연 물량을 정리했습니다. 정보를 최대한 활용해 수익을 극대화해보자는 욕심이 발동했기 때문입니다. 고점에 팔고 다시 저점에 사려는 단기 전략으로 임했던 것입니다. 그러나 이것이 비극의 시작이었습니다.

팔자마자 주식이 30% 이상 추가 반등했고 결국 참지 못하고 추격매수를 단행했습니다. 그러나 매수가격이 고점으로 급하게 밀리자 더 낮은 가격에 사기 위해 손절을 했습니다. 이렇게 고점매도, 저점매수가 아닌 고점매수, 저점매도를 몇 번 반복하며 오히려 투자금의 대부분을 잃고 말았습니다.

▶ 자사주 주식 진단표 − 총점 61점

	약함 (적게 함)		보통		강함 (많이 함)
몰빵투자	2.5	2	1.5	1	✓ 0.5
백화점식 투자	✓ 2.5	2	1.5	1	0.5
고가주 베팅	1	2	✓ 3	4	5
현금보유	1	2	✓ 3	4	5
미수·신용거래	✓ 5	4	3	2	1
전문가 맹신	✓ 2.5	2	1.5	1	0.5
작전주 베팅	✓ 5	4	3	2	1
주도(대장)주 베팅	1	2	✓ 3	4	5
유행 추종	✓ 5	4	3	2	1
수익 종목 보유	1	✓ 2	3	4	5
손실 종목 보유	5	4	3	2	✓ 1
여유자금 투자	1	2	3	✓ 4	5
중장기 전략	✓ 1	2	3	4	5
바닥매수 천장매도 시도	5	4	3	✓ 2	1
군중심리 편승	5	4	✓ 3	2	1
주식과 결혼	5	4	3	2	✓ 1
한탕주의	5	✓ 4	3	2	1
미인주 발굴	1	2	✓ 3	4	5
기본적 분석	1	2	✓ 3	4	5
기술적 분석	1	2	✓ 3	4	5
성공적인 투자모임	0.5	1	✓ 1.5	2	2.5
지속적인 주식 공부	1	✓ 2	3	4	5

장기투자하는 유형

최고수 이 모임에는 없으나 간혹 3~5년 이상 보유하는 것을 목적으로 주식투자를 하는 유형이 있습니다. 미래 주도산업에 대한 선진입과 종목의 성장 가능성에 선투자하는 유형입니다. 단기적으로 큰 수익을 기대할 수 없고 오히려 시세 흐름에서 소외된 느낌을 강하게 받을 수 있습니다. 그러나 일희일비하며 시장에 끌려다니지 않고 시나리오대로 시장이 움직일 시 큰 수익을 낼 수 있습니다.

주단타 장기투자를 하고 싶은 마음이 있습니다. 그러나 어떤 식으로 종목을 발굴해야 할지 막막할 때가 많습니다.

최고수 장기투자 종목의 선정 기준은 여러 가지가 있습니다.

첫 번째는 청산가치가 현재의 주식가격보다 높으냐가 중요합니다. 장기간 주식을 보유할 것이기 때문에 당장 청산이 되더라도 매수가격보다 높으면 안전하다고 판단합니다. 가령 부동산이나 특허권 등의 유·무형자산이 많으면 좋습니다.

두 번째는 영속기업 여부입니다. 사업 모델이 장기간 영속할 수 있느냐를 봅니다. 이미 성장기와 성숙기를 지나 쇠퇴기에 접어든 사업이라면 투자 종목에서 제외합니다.

세 번째는 독점력이 있거나 유행을 타지 않는 저성장 종목을 선정합니다. 그 외에는 매출액이 상당 기간 늘어날 수 있는 시장 잠재력이 있는 제품을 생산하는가? 연구개발비에 어느 정도 투자를 하는가? 장기적인 비전을 가진 우수한 경영진이 포진해 있는가? 등을 봅니다.

주단타 장기투자로 좋은 성과를 낸 구체적인 사례 좀 들려주십시오.

최고수 장기투자로 매년 괜찮은 수익을 내고 있는 투자자와의 인터뷰 내용을 그대로 옮겨보겠습니다. A투자자는 2013년 새롭게 한국전력과 맥쿼리인프라를 포트폴리오에 포함시켰습니다.

A투자자 인터뷰 내용

한국전력은 전기자동차가 상용화됐을 때 최대 수혜 종목이라는 판단하에 투자했습니다. 자동차들이 본격적으로 기름이 아닌 전기를 충전하게 되면 한국전력의 매출과 순이익은 상상 이상으로 급증할 수 있습니다.

맥쿼리인프라는 고배당 종목으로 포함시켰습니다. 맥쿼리인프라는 사회간 접투자자산에 투자한 후 이익이 발생할 시 그 이익금을 주주들에게 돌려주는 펀드입니다. 어느 정도 상승한 후라 6천 원 후반에 추격매수를 하는 것이 아닌가라는 갈등이 있었습니다. 하지만 미국의 본격적인 금리인상에도 불구하고 한국의 저금리는 장기간 고착될 것이라는 판단에서 베팅했습니다. 시세차익은 차치하고 매년 배당금으로 대략 5% 정도의 수익을 기대할 수 있다는 점이 가장 큰 매력입니다.

다음은 A투자자의 주식 진단표 결과입니다. 이상적이고 바람직한 장기투자자의 전형입니다. 주식 진단표의 점수도 91.5점으로 성공적인 주식투자자에 해당합니다.

▶ A장기투자자의 주식 진단표 – 총점 91.5점

	약함 (적게 함)		보통		강함 (많이 함)
몰빵투자	2.5	2	1.5	1	✓ 0.5
백화점식 투자	✓ 2.5	2	1.5	1	0.5
고가주 베팅	1	2	✓ 3	4	5
현금보유	1	2	3	✓ 4	5
미수·신용거래	✓ 5	4	3	2	1
전문가 맹신	✓ 2.5	2	1.5	1	0.5
작전주 베팅	5	✓ 4	3	2	1

주도(대장)주 베팅	1	2	3	4	✓ 5
유행 추종	5	✓ 4	3	2	1
수익 종목 보유	1	2	✓ 3	4	5
손실 종목 보유	✓ 5	4	3	2	1
여유자금 투자	1	2	3	4	✓ 5
중장기 전략	✓ 1	2	3	4	5
바닥매수 천장매도 시도	5	4	✓ 3	2	1
군중심리 편승	✓ 5	4	3	2	1
주식과 결혼	✓ 5	4	3	2	1
한탕주의	✓ 5	4	3	2	1
미인주 발굴	1	2	3	✓ 4	5
기본적 분석	1	2	✓ 3	4	5
기술적 분석	1	2	3	4	✓ 5
성공적인 투자모임	0.5	1	1.5	✓ 2	2.5
지속적인 주식 공부	1	2	3	4	✓ 5

단기투자하는 유형

최고수   과거에 『난 코스닥으로 매일 30만 원씩 번다』 혹은 『주식 데이
트레이딩으로 매일 50만 원씩 번다』라는 책이 베스트셀러에 오
른 적이 있습니다. 그런 매매를 추종하는 투자자들이 넘쳐난
적이 있었습니다. 그 당시보다 지금 수수료도 더 저렴해지고 정
보도 무차별해졌지만, 이제는 그런 초단기매매로 수익을 내려
는 투자자들이 많이 줄어들었습니다. 초단기매매로 수익을 내
는 것이 얼마나 어려운지를 몸소 깨닫고 초단기매매를 접은 까
닭입니다. 사실 초단기매매로 수익을 내는 투자자들은 책에나
등장할 만큼 극소수입니다.

강초보   저 같은 직장인들은 초단타매매가 어렵겠죠?

최고수   초단타매매는 종일 주식시장에 집중할 수 있는 전업투자자에
게나 가능합니다. 그러나 전업투자자라고 돈 벌 가능성이 높다

는 뜻은 아닙니다. 간혹 40대 후반 50대 초반에 은퇴해서 전업 투자자로 뛰어드는 경우가 있는데 그중 종일 주식시장을 볼 수 있다는 이점 때문에 의욕적으로 초단타매매를 하는 경우가 종종 있습니다. 하지만 이미 그 나잇대의 감각과 순발력, 집중력으로는 초단기매매에서 수익을 내기 어렵습니다.

아래 표는 초단타매매를 하는 S전업투자자의 주식 진단표 점수입니다. S투자자는 증권사 주식 및 파생상품운용으로 이미 초단타매매에 있어 상당한 노하우와 수익을 내는 전략을 보유하고 있습니다. 매달 50만 원 정도의 정보 단말기를 받아 보고 있으며 주식과 함께 코스피 선물도 같이 운용하고 있습니다.

주단타 단기매매로 주식시장에서 수익 내는 것은 정말 힘들던데요. S투자자는 도대체 어떻게 수익을 내는 거죠?

최고수 S투자자가 초단기매매로 수익을 내는 데는 결정적으로 3가지 필살기를 보유하고 있기 때문입니다.

첫째, 뉴스 노출 시 누구보다 빨리 내용을 파악해서 망설임 없이 베팅을 합니다. 이미 종목에 반영된 뉴스라는 판단이 들 경우에는 미련 없이 젖혀둡니다. 그리고 다른 뉴스가 나올 때까지 기다립니다. 종목에 대한 뉴스뿐만 아니라 중국 경제지표 등이 발표되는 날은 코스피 선물에 과감히 베팅해서 단기적으로 좋은 수익을 내고 나옵니다.

둘째, 노련한 차티스트입니다. 차트를 읽고 해석하는 데 탁월한 실력을 발휘합니다. 기술적으로 베팅 가능 종목을 선정한 후 일정 조건이 만족되면 베팅합니다. 가령 장시간 박스권을 형성한 후 박스권 상단이 돌파될 것 같거나 돌파되는 종목을 베팅합니다.

셋째, 시장의 흐름을 읽는 감각이 탁월합니다. 타고난 것은 아니고 증권사 운용부서에 근무하며 단련되고 훈련된 결과입니다. 한미약품의 5조 원 계약 뉴스가 나오고 상한가 후, 다음 날 시초가 부근에 매수 후 5% 정도 수익을 내고 나왔습니다. 이미 한 번 급등한 종목은 꺾일 때 꺾이더라도 시세를 한 번 분출한 후 꺾인다는 것을 알기에 과감히 베팅하고 수익을 내고 나왔습니다.

S투자자의 경우에서 확인하듯 초단기매매로 꾸준한 수익을 내기 위해서는 일정 수준 이상의 실력을 갖춰야 합니다. 즉 자신만의 확실한 필살기를 가지고 있어야만 살아남을 수 있습니다.

▶ S단기투자자의 주식 진단표 - 총점 81.5점

	약함 (적게 함)		보통		강함 (많이 함)
몰빵투자	2.5	2	1.5	1	✓ 0.5
백화점식 투자	✓ 2.5	2	1.5	1	0.5
고가주 베팅	1	2	✓ 3	4	5
현금보유	1	2	3	✓ 4	5
미수·신용거래	✓ 5	4	3	2	1
전문가 맹신	✓ 2.5	2	1.5	1	0.5
작전주 베팅	5	✓ 4	3	2	1
주도(대장)주 베팅	1	2	3	4	✓ 5
유행 추종	5	✓ 4	3	2	1

수익 종목 보유	1	2	✓ 3	4	5
손실 종목 보유	✓ 5	4	3	2	1
여유자금 투자	1	2	3	4	✓ 5
중장기 전략	✓ 1	2	3	4	5
바닥매수 천장매도 시도	5	4	✓ 3	2	1
군중심리 편승	✓ 5	4	3	2	1
주식과 결혼	✓ 5	4	3	2	1
한탕주의	✓ 5	4	3	2	1
미인주 발굴	1	2	3	✓ 4	5
기본적 분석	1	2	✓ 3	4	5
기술적 분석	1	2	3	4	✓ 5
성공적인 투자모임	0.5	1	1.5	✓ 2	2.5
지속적인 주식 공부	1	2	3	4	✓ 5

최고수 단타 고수의 주식 진단표와 달리 원칙과 전략이 제대로 갖춰져 있지 않은 주단타 님의 주식 진단표 점수는 57.5점으로 상대적으로 낮습니다.

▶ 〈주단타〉 주식 진단표 – 총점 57.5점

	약함 (적게 함)		보통		강함 (많이 함)
몰빵투자	2.5	2	1.5	1	✓ 0.5
백화점식 투자	✓ 2.5	2	1.5	1	0.5
고가주 베팅	1	✓ 2	3	4	5
현금보유	1	✓ 2	3	4	5
미수·신용거래	✓ 5	4	3	2	1
전문가 맹신	2.5	2	1.5	✓ 1	0.5
작전주 베팅	5	4	3	✓ 2	1
주도(대장)주 베팅	1	2	✓ 3	4	5
유행 추종	5	4	✓ 3	2	1
수익 종목 보유	1	✓ 2	3	4	5
손실 종목 보유	5	4	3	✓ 2	1
여유자금 투자	1	2	✓ 3	4	5
중장기 전략	✓ 1	2	3	4	5
바닥매수 천장매도 시도	5	4	3	✓ 2	1
군중심리 편승	5	4	✓ 3	2	1
주식과 결혼	✓ 5	4	3	2	1
한탕주의	✓ 5	4	3	2	1
미인주 발굴	1	2	✓ 3	4	5
기본적 분석	1	2	✓ 3	4	5
기술적 분석	1	2	✓ 3	4	5
성공적인 투자모임	0.5	1	✓ 1.5	2	2.5
지속적인 주식 공부	1	2	✓ 3	4	5

종목 개발은 잘하나
전략이 없는 유형

최고수　주식 진단표 22개 항목은 종목 발굴 및 전략과 관련된 항목입니다. 많은 항목이 종목 발굴과 전략에 공통으로 해당됩니다. 그러나 분명 고가주 베팅이나 미인주 발굴처럼 종목 발굴에 대한 항목이 있고, 수익 종목 보유나 손실 종목 보유처럼 전략에 대한 항목이 있습니다.

　　　　주식투자에 있어 종목 발굴이 8할이라는 말이 있을 정도로 어떤 종목을 선정 혹은 발굴해서 투자하느냐가 무엇보다 중요합니다. 그러나 종목 발굴은 잘하지만, 매매원칙과 전략이 없어 정작 수익을 내지도 못하고 손실만 보며 고전하는 주식투자자들이 꽤 많습니다.

기전업　종목 발굴을 잘한다면 최소 손실은 안 볼 것 같은데 종목 발굴을 잘하고도 수익이 나지 않는 것은 정작 그 종목에 대한 믿음과 확신이 부족한 탓이 아닌지요. 아니면 다른 이유가 있기 때문입니까?

최고수 종목 개발은 잘하나 그 후 대응을 잘하지 못하는 유형은 크게 두 가지입니다. 첫 번째는 기전업 씨가 언급하셨듯이 자신이 발굴한 종목임에도 그 종목에 대한 확신이 부족한 탓입니다. 불확실하고 예측 불가능한 주식시장의 속성상 누구에게나 해당하는 부분입니다. 다만 자신감이 상대적으로 부족하다는 점이 문제입니다. 예를 들어 과거 종목에 대한 확신으로 손절매 타이밍을 놓쳐 큰 손실을 경험한 투자자라면 이후 발굴한 종목에 대해서도 자신감을 갖기는 쉽지 않습니다.

두 번째는 '~할걸'의 전형적인 유형입니다. 종목 발굴은 잘하나 사고파는 매매 자체를 잘하지 못합니다. 우유부단하여 매매를 결단력 있게 하지 못합니다. '이때 살걸~' '이때 팔걸~'하며 너무 늦게 매수에 가담하거나 정작 차익을 실현하고 나와야 할 때 팔지 못합니다. 또한, 작은 손실로 끊고 나와야 할 때 끊지 못하고 큰 손실을 보는 경우입니다.

주식을 아무리 잘 맞춰도 내가 그 주식을 매수해서 목표가격까지 들고 있어야 합니다. 지금 수익이 많이 난 종목이라도 팔고 나와야 수익이 됩니다.

다음은 종목 발굴은 잘하나 전략이 없는 B투자자의 주식 진단표입니다. 저점매수와 고점매도를 시도하며 목표가격까지 기다리지 못합니다. 손절매 원칙도 자주 어겨서 손실 난 종목을 팔지 못할 때가 많습니다. 주식으로 상당한 손실을 봤고 주식 진단표 점수도 69점으로 높지 않습니다. 그렇다고 절망적이거나 희망이 없는 것은 아닙니다. 종목 발굴에 대한 노하우를 가지고 있기 때문입니다. 종목 발굴 후 목표가격과 손절가격에 기계적으로 사고파는 연습을 한다면 좋은 투자자로 거듭날 수 있습니다.

▶ 종목 발굴은 잘하나 전략이 부족한 B투자자의 주식 진단표 – 총점 69점

	약함 (적게 함)		보통		강함 (많이 함)
몰빵투자	2.5	2	1.5	✓ 1	0.5
백화점식 투자	2.5	✓ 2	1.5	1	0.5
고가주 베팅	1	2	3	✓ 4	5
현금보유	1	2	3	✓ 4	5
미수·신용거래	✓ 5	4	3	2	1
전문가 맹신	✓ 2.5	2	1.5	1	0.5
작전주 베팅	✓ 5	4	3	2	1
주도(대장)주 베팅	1	2	3	✓ 4	5
유행 추종	5	4	✓ 3	2	1
수익 종목 보유	1	✓ 2	3	4	5
손실 종목 보유	5	4	3	2	✓ 1
여유자금 투자	1	2	3	✓ 4	5
중장기 전략	1	2	✓ 3	4	5
바닥매수 천장매도 시도	5	4	3	✓ 2	1
군중심리 편승	5	4	✓ 3	2	1
주식과 결혼	5	4	3	✓ 2	1
한탕주의	5	4	✓ 3	2	1
미인주 발굴	1	2	3	4	✓ 5

기본적 분석	1	2	3	✓ 4	5
기술적 분석	1	2	3	✓ 4	5
성공적인 투자모임	0.5	1	✓ 1.5	2	2.5
지속적인 주식 공부	1	2	3	✓ 4	5

원칙도 전략도 없는
최하수 유형

최고수 다음은 최악의 투자자 유형입니다. 한 마디로 주식투자에 대한 원칙도 전략도 없는 유형입니다. 어떤 주식을 사야 할지에 대한 분석과 고민이 없고 어느 가격대에 팔고 나와야 할지에 대한 전략도 부재합니다.

기전업 희망이 전혀 없어 보이는데요. 그렇다면 어떻게 해야 합니까?

최고수 이런 유형은 일단 매매를 중지해야 합니다. 그동안 주식투자를 계속 해왔던 것은 간혹 수익이 발생했던 몇 개의 종목에 대한 장밋빛 환상 때문입니다. 또는 자신의 실력을 냉정하게 평가하고 혹독하게 반성해 볼 기회가 없었기 때문이기도 합니다. 주식 진단표를 작성하며 자신의 주식 실력 현주소를 여과 없이 확인했습니다. 매매를 일단 중지하고 자신의 부족한 점을 냉정하게 반성해야 합니다.

매매를 중지한 후에는 주식의 기초부터 다시 공부해야 합니다. 학생으로 치면 과락 혹은 낙제 수준이기 때문입니다. 그런 학생들이 가장 먼저 해야 할 것은 처음부터 기초를 다지는 것입니다.

주식투자 경험이 1~2년밖에 안 된 초보 주식투자자면 다시 시작하는 것이 그렇게 어렵지 않습니다. 그러나 주식투자 경험이 5년 이상인 투자자가 60점 미만의 낙제점을 받았다면 더 많은 노력이 필요합니다.

이미 자신이 안다고 생각하는 것이 아는 것이 아니고 옳다고 생각하는 것이 옳은 것이 아니기 때문입니다. 즉 주식투자로 돈을 쉽게 벌 수 있다거나 절대 돈을 벌 수 없다고 큰 착각을 하고 있거나 장난삼아 혹은 취미 삼아 주식투자를 해오고 있는 투자자입니다. 이런 투자자들은 주식투자에 대한 접근법과 자세부터 고쳐야 합니다.

다음은 주식 최하수의 주식 진단표입니다. 모든 항목에서 좋지 않은 점수를 받았습니다. 종목 선정에서 사고파는 전략과 투자를 위한 노력까지 어느 항목도 만족스럽지 못합니다. 뚜렷한 매매 성향도 없고 특징도 없이 전체적으로 점수가 낮은 총점 48.5점, 낙제점입니다.

▶ 〈최하수〉의 주식 진단표 − 총점 48.5점

	약함 (적게 함)		보통		강함 (많이 함)
몰빵투자	✓ 2.5	2	1.5	1	0.5
백화점식 투자	2.5	2	✓ 1.5	1	0.5
고가주 베팅	1	✓ 2	3	4	5
현금보유	1	2	✓ 3	4	5
미수·신용거래	✓ 5	4	3	2	1
전문가 맹신	2.5	2	1.5	1	✓ 0.5
작전주 베팅	5	4	✓ 3	2	1
주도(대장)주 베팅	1	✓ 2	3	4	5
유행 추종	5	✓ 4	3	2	1
수익 종목 보유	1	2	✓ 3	4	5
손실 종목 보유	5	4	3	2	✓ 1
여유자금 투자	1	✓ 2	3	4	5
중장기 전략	1	✓ 2	3	4	5
바닥매수 천장매도 시도	5	4	✓ 3	2	1
군중심리 편승	5	4	3	✓ 2	1
주식과 결혼	5	4	3	✓ 2	1
한탕주의	5	4	✓ 3	2	1
미인주 발굴	1	✓ 2	3	4	5
기본적 분석	1	✓ 2	3	4	5
기술적 분석	1	✓ 2	3	4	5
성공적인 투자모임	0.5	✓ 1	1.5	2	2.5
지속적인 주식 공부	1	✓ 2	3	4	5

최고수　이번 시간에는 주식 진단표를 작성해 보고 총 점수와 특징에 따라 여러 유형으로 나눈 후 각 유형에 대해 살펴봤습니다.

　　　　총 점수와 항목별 특징에 따라 자신이 어느 유형에 속하는지 확인했습니다. 어떤 이유로 주식시장에서 수익을 내지 못했는지 자신의 문제점과 원인을 정확히 찾으신 투자자분이 있다면 다행입니다. 그러나 주식 진단표의 점수와 결과를 아직 인정하고 싶지 않은 투자자분도 계시리라 생각됩니다. 여전히 손실의 원인을 내가 아닌 다른 것에서 찾거나 노력의 정도는 헤아리지 않고 결과에만 집착하는 것은 아닌지 다시 한번 숙고해봤으면 합니다.

　주식투자는 용돈 벌이 삼아 취미 삼아 하는 것이 아닙니다. 잘리지 않기 위해 아등바등 목매 붙어 있는 직장처럼, 온종일 몸고생 마음고생 하며 지켜내는 자영업의 일터처럼 모든 것을 걸고 매진해야 합니다. 만약 최선을 다했는데도 수익을 내지 못했다면 방법상의 문제일 수 있습니다. 주식 진단표의 22개 항목을 다시 한번 음미해 볼 것을 권하고 싶습니다. 다음 시간에는 그동안 수업에 참여하면서 각자가 느낀 점 등을 같이 공유하는 시간을 갖도록 하겠습니다.

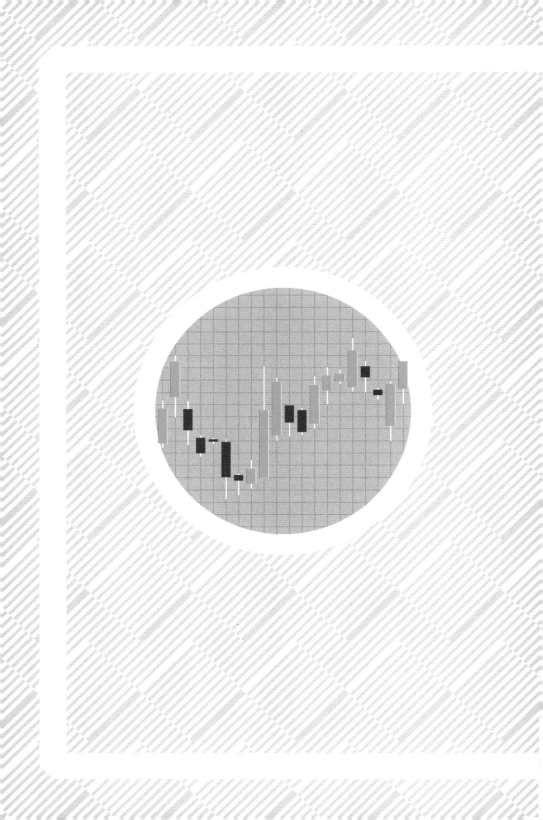

제 **8** 장

마무리

최고수 어느덧 수업도 마지막 8주차에 접어들었습니다. 지금까지 바람
직한 매매원칙과 자세 그리고 주식 종목 선정과 주식 전략 등
에 관해 이야기를 나눴습니다. 그리고 매매 진단표와 주식 진
단표를 작성하고 각자의 점수를 확인했습니다. 항목별 점수와
총점을 점검한 후 주식투자의 현주소와 향후 주식투자 계획까
지 냉정하게 확인하고 진지하게 고민해 봤으리라 생각됩니다.
다만 이 강의는 여러분께 숟가락질하는 법을 알려드렸을 뿐 밥
까지 떠먹여 드리지 않았습니다. 즉 지금 당장 신재생에너지의
대표주자인 A종목을 5만 원에서 사서 15만 원에 팔고 나오자
는 구체적인 종목 선정과 사후 전략을 말씀드리지 않았습니다.
이 때문에 다소 아쉬움을 느끼는 분도 있으리라 생각됩니다.
그러나 이 수업 자체의 취지는 여기 계신 여러분들이 책임감 있
는 투자자로 자립해서 자신만의 매매원칙과 전략으로 주식시
장에서 꾸준한 수익을 내는 데 있습니다. 그전과 마찬가지로
누군가의 도움 혹은 요행으로 수익을 기대해서는 안 됩니다.
7주 동안의 수업에 참여하면서 각자 새롭게 배웠거나 느낀바
혹은 앞으로의 각오가 있다면 자연스럽게 이야기하면서 수업
을 마무리하도록 하겠습니다.

부족함을 인정하는 순간
길이 보이기 시작했다

산전수 손실의 원인이 저에게 있었는데도 인정하기 싫었습니다. 인정
하는 순간 저 자신이 못나고 초라하게 느껴졌기 때문입니다.
차라리 남 탓을 하고 시장 탓을 하고 운을 탓하는 것이 마음
이 편했습니다.

최고수 본인이 부족하다는 것을 인정하는 것은 누구에게나 쉽지 않죠?

산전수 주식시장에 뛰어든 것은 마음을 편하게 하기 위한 것이 아니
라는 것을 알았습니다. 물론 취미로 하는 것도, 시간을 보내기
위해서도 아닙니다. 돈을 벌기 위해서 하는 건데 내 마음 편하
려고 남 탓만 했던 것 같습니다. 이 수업을 통해서 투자자로서
의 저 자신에 대해 곰곰이 생각해 볼 수 있었던 좋은 시간이
었습니다.

최고수   이 수업이 도움되었다면 다행입니다. 향후 주식투자의 방향과 계획은 세우셨습니까?

산전수   다시 걸음마부터 배우려는 사람에게 철인3종경기 계획을 세웠냐는 질문처럼 어렵습니다. 다만 이제는 스스로 공부하고 분석해서 종목을 발굴하고 그에 대한 책임도 제가 지려고 합니다. 단기간에 요행을 바라고 결과에만 집착했다면 이제는 정도를 찾아 과정에 충실해지려고 합니다.

주식투자는
기초가 탄탄해야 한다

백치미 주식투자로 돈을 버는 친구들이 부러웠습니다. 시샘이 나고 질투심이 발동했습니다. 그때 주식투자로 돈을 벌었다고 자랑했던 동창들을 매년 정기적으로 만나고 있습니다. 2~3년 전부터는 친구들을 만나도 주식 이야기는 거의 하지 않습니다. 다들 크게 물려있어 이러지도 못하고 저러지도 못하고 있기 때문이죠. 괜히 주식 이야기해봐야 서로들 스트레스만 받으니까 아예 말을 꺼내는 친구도 없습니다. 주식은 꾸준히 벌어야 번 것인데 한때 돈 벌었다는 말에 아무 준비 없이 주식투자를 시작한 것이 잘못이었습니다.

최고수 기초가 탄탄하지 않은 수익은 모래성과 같습니다. 꾸준히 수익을 쌓기 위해서는 주식투자의 기본을 단단히 다질 필요가 있습니다. 백치미 님에게 시급한 문제는 관리조차 안 되는 종목들이 너무 많은 것이 아닌가 싶은데요.

백치미 지난 수업을 듣고 용기를 내서 반 이상을 정리했습니다. 신경도 쓰지 않아 이런 게 있었나 싶은 종목도 있었는데 모든 미련을 버리고 6종목만 남겨두었습니다. 팔자마자 다시 원금까지 오를 것 같아 몇 번이고 클릭할까 말까 망설였습니다. 하지만 다시 시작하기 위해서는 안 좋은 과거를 청산하는 것이 먼저라는 생각에 정리했습니다.

주식시장에 입문한 지 벌써 8년째지만 주식 관련 서적을 한 권도 제대로 읽지 않았습니다. 아마 강초보 군보다 주식에 대한 지식이나 상식이 부족할 정도로 그동안 주식을 너무 모르고 시작한 것이 아닌지 부끄럽기조차 합니다. 일단 주식 책 5권을 사서 주식 전반에 대해 공부를 할 계획입니다. 경제신문도 구독할 생각이고요.

많이 아는 것이 돈을 많이 버는 것과 직결되는 것은 아니지만 먼저 기초부터 탄탄히 다진 후 다시 시작하려고 합니다. 그때는 그동안 수업했던 내용 그대로 원칙에 충실하고 저만의 매매전략을 짜서 꾸준히 수익을 내도록 하겠습니다.

모든 투자는
중장기 보유가 답이다

주단타 3년 가까이 주식시장에서 단기매매를 했지만, 수익이 나지 않았습니다. 단기간에 짜릿하게 벌었던 기억과 이왕 시작했으니 할 때까지 해보자는 오기가 발동해 전략 자체를 바꿀 생각조차 하지 않았습니다.

최고수 과거 파생상품 트레이딩 부서 시절에 신입과 경력 직원 모두 짧게는 한 달에서 분기까지의 손익만을 보고 잔류 여부를 결정했습니다. 극단적이긴 했지만 2~3달 매매하는 것을 보면 앞으로 계속 벌지 못 벌지를 알 수 있다고 생각했기 때문입니다. 그런데 3년 동안 벌지 못했다는 것은 분명 큰 문제가 있다는 뜻입니다.

주단타 주식 단기매매가 저와 맞지 않을 수 있다는 생각은 했습니다. 그러나 수업에 참여하면서 주식의 속성이 단기매매와 맞지 않는다는 것을 알게 되었습니다. 저에게 단기매매의 비범한 재수가 없다는 것을 확인했으니 이제는 중장기 전략으로 승부를 보려고 합니다.

기전업 주식시장에서의 수익은 괜찮지만, 파생상품에서 괜찮은 수익을 내지 못해 고민 중이었습니다. 그런데 어느 정도 해결점을 찾은 것 같습니다. 주식투자와 마찬가지로 파생상품투자도 중장기 전략으로 접근해야 해야 할 것 같습니다.

주단타 비록 시작이 미약하긴 하겠지만, 그린에너지 관련주인 OCI주식을 매수했습니다. 태양광발전에 사용되는 폴리실리콘 분야의 세계 3대 제조업체이며 전자제품에 사용되는 NF3분야의 세계 1위 생산업체이기도 합니다. 직전 저점인 6만 원 수준이 붕괴되면 손절하고 나오려고 합니다.

▶ OCI차트

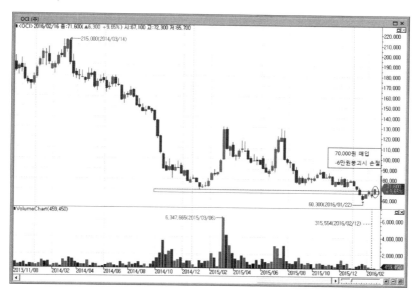

최고수　물이 100℃가 되어야 끓는 것처럼 그전까지는 물이 끓고 있는
　　　　건지 알 수 없습니다. 하지만 물이 점점 뜨거워지고 있다는 점
　　　　을 기억했으면 좋겠습니다.

주식은 심리 게임이다

강초보 주식을 공부하면서 유독 심리와 관련된 용어들이 많이 쓰이는 것이 의아했습니다. 공포심, 불안감, 환상, 욕심 등등. 그런데 다 이유가 있었습니다. 주식투자에 있어 심리가 얼마만큼 큰 비중을 차지하는지 이제야 알 것 같습니다.

최고수 일시적 과매도로 주식가격이 급락해서 절호의 매수 기회가 찾아왔을 때는 극도의 공포심이 유발되어 매수를 주저하게 됩니다. 바닥을 다지고 반등이 시작돼서 추격매수를 하려고 하면 부담스러울 만큼 단기간에 급등합니다. 잠시 매수를 망설이다 조정을 받을 때 사려고 하면 그냥 날아가 버립니다.

주식 보유 후 본격적으로 오를 시점에서는 계속 보유하기 힘들 만큼 시세가 흔들려 불안감에 매도하게 합니다. 혹여 목표 가격까지 버티게 되면 팔아야 할 시점에서 대박 종목의 환상과 욕심을 심어주어 팔 기회를 놓치게 만듭니다. 이 모든 것이 심리 때문이며 심리로 인해 결국 원칙을 어기고 전략을 무의미하게 만듭니다.

강초보 모의투자도 물론 중요하다고 생각합니다. 그러나 주식시장의 속성을 제대로 알기 위해서는 실전투자가 답이었습니다. 심리 때문에 원칙이 흔들리고 전략을 순간적으로 망각하는 일이 없도록 해야겠습니다.

최고수 최소한 심리에 끌려다니지 말아야 합니다. 만약 어느 정도 수준에 다다라서 그 심리를 거꾸로 역이용할 수 있다면 진정한 주식 고수의 반열에 들 수 있을 거라 생각됩니다.

주식은
그 기업에 투자하는 것이다

최고수 주식은 가격이나 시세를 사고파는 것이 아니라 그 기업의 상품을 사고파는 것입니다. 눈으로 보이고 실생활에 쓰이며 소비되는 것은 아닙니다. 하지만 현금이 투입되며 기회비용이 발생하고 써보지도 못하고 급하게 감가상각이 될 수도 있는 리스크가 포함됩니다.

백치미 얼마 전에 김치냉장고를 바꿨습니다. 3년간 미루다 지금에서야 샀습니다. 이틀 동안 삼성과 LG 대리점 그리고 하이마트 등을 둘러보며 가격을 비교해 본 후 200만 원 정도를 주고 샀습니다. 200만 원짜리 상품을 사는데도 정말 많이 망설이고 알아본 후에 구입을 결정했습니다. 그러나 주식은 몇백만 원을 투자하면서도 주변 사람들이 좋다는 몇 마디의 말을 듣고 성급하게 구입을 결정했습니다. 주식투자도 그 기업의 상품을 구입하는 것인데 너무 충동적이었습니다.

최고수 주식은 그 기업에 투자하는 것입니다. 투자 금액도 적지 않습니다. 당연히 주식투자는 더 신중하고 꼼꼼하게 요모조모 따져봐야 합니다.

강초보 저는 책을 좋아합니다. 도서정가제로 바뀐 후 책값이 부담스러워 인터넷 중고서점을 자주 이용합니다. 5만 원 이상을 구입하면 20% 할인도 해주고 배송비도 무료이기 때문입니다. 그래서 사고 싶은 책을 리스트에 적어놓고 5만 원이 넘으면 구매합니다. 단돈 5만 원 그것도 나의 미래를 위해 투자하는데 2,500원의 배송비를 아까워하고, 할인을 받으려고 책 사는 것을 미루기도 합니다. 그런데 100만 원, 200만 원 주식을 사면서도 아무 노력도 하지 않고 투자했던 것 같아 부끄럽습니다.

최고수 CMA금리가 4% 정도 되던 시절 1억 원의 적금이 만기 될 즈음 아내에게 만기에 돈을 찾아 증권 CMA로 넣으라고 말한 적이 있습니다. 그런데 아내는 만기일이 지나도 이런저런 핑계로 가지 않다가 몇 번의 닦달을 하고 나서야 은행에 갔습니다. 그때 제가 했던 말입니다.

"시장에서 콩나물 500원 깎을 시간에 은행에 가라. 하루 늦게 찾으면 1만 원씩 손실인데 왜 500원에 시간을 낭비해?"

이렇듯 눈에 보이는 작은 수익에 집착해서 정작 그보다 큰 수익을 놓칠 수 있습니다. 주식을 매입했다는 것은 눈에 보이지 않을 뿐 그 금액만큼의 제품을 구입했다는 뜻입니다. 당연히 그만큼의 신경을 써야 합니다.

주식투자는
한 방이 아니라 축적이다

나왕년 주식은 한 방이면 된다고 생각했습니다. 주식 객장에서만 30년 가까이 근무해서인지 대박을 친 고객분들도 있고 몇백 배까지 오르는 종목을 보기도 합니다. 그런 주식을 보거나 고객을 접하게 되면 한 방의 욕심을 버리기 쉽지 않습니다.

최고수 한 방을 노리는 것은 도박 심리와 다를 바 없습니다. 도박을 쉽게 끊지 못하는 것은 확률이 극히 저조함을 알면서도 정말 가끔인 쾌감과 희열을 잊지 못하기 때문입니다. 즉 도박으로 돈을 땄던 달콤한 몇 번의 기억 때문에 쉽게 도박을 끊지 못합니다. 돈을 땄던 것을 실력이라고 생각하면서 돈을 잃은 것은 단순히 운이 나빴기 때문이라고 착각합니다. 혹여 돈을 딴 것이 운이라고 생각하면 그 운이 연속적으로 자주 발생할 것으로 착각합니다. 워런 버핏도 한 종목이나 한두 해에 대박이 나서 그런 거부가 된 것이 아닙니다. 매년 복리로 꾸준한 수익을 냈기 때문에 가능했던 것입니다.

나왕년 결국, 한 방을 꿈꾸는 것은 로또 당첨자처럼 엄청나게 드문 예외적인 경우일 뿐이었습니다. 주식을 도박과 투기가 아닌 투자로 접근하려고 하는 만큼 이제는 복리의 마법을 믿고 꾸준히 수익을 쌓아나가는 전략을 취하려고 합니다.

잘 알고 있는 주식도
전략이 필요하다

자사주 제 팔자에 주식투자는 없을 줄 알았는데 우연히 회사의 주식
을 보유하면서 주식투자를 시작하게 되었습니다. 막상 자사주
를 보유하고 하루에 몇백만 원을 버는 일이 생기다 보니 욕심
이 안 들어갈 수 없었습니다. 그냥 없는 주식이다 생각하고 회
사 일만 열심히 해야 했는데 아쉬움이 큽니다.

최고수 자사주 등을 매입하면서 주식투자를 시작하게 된 분들의 가장
큰 문제점은 주식투자에 대한 기본조차 갖추지 않은 상태에서
시작한다는 것이죠. 즉 내가 잘 알고 있는 회사니까 대충 매매
해도 돈을 벌 것이라는 착각을 한다는 점입니다.

자사주 이 수업을 듣게 된 직접적인 이유는 보유 자사 주식가격이 40%
정도 하락한 상태인데 언제쯤 물타기를 하면 좋을지 도움을 받
을 수 있을 것 같아서입니다. 그런데 이 수업을 들으면서 처음

부터 잘못 생각했다는 것을 깨달았습니다. 그래서 지난주에 오히려 주식의 반을 정리하고 반만 들고 있습니다. 자사주 역시 중장기 전략으로 접근하면서 당분간은 회사 일에 매진할 생각입니다.

최고수 8주 동안의 수업을 통해 주식투자에 있어 여러분의 장단점을 파악하셨을 거라 믿습니다. 이제는 실천입니다. 돈이 아까워서, 미련이 남아서, 욕심이 생겨서, 전략이 없어서, 잘 몰라서 하지 않았거나 못했던 것들을 과감히 실천할 때입니다.

주식에서 꾸준히 돈을 버는 사람은 자신을 드러내지 않습니다. 늘 조용히 때를 기다리며 베팅할 때 베팅하고 수익을 향유하며 조용히 웃고 있을 뿐입니다. 자신을 드러내고 과시하기보다는 나만의 원칙과 전략으로 꾸준한 수익을 내는 투자자가 되어야 합니다.

끝으로 여러분들 모두 성공하는 투자자로 거듭나시기를 바랍니다.